快速建立良好人際關係的實用指南

扭轉結果的

插圖&圖解

溝通技巧

COMMUNICATION SKILLS ENCYCLOPEDIA

大百科

Adot Communication
股份有限公司總經理
戶田久實 著
Kumi Toda

U0073101

溝通是一輩子的課題

「難以啟齒的內容要怎麼告訴對方比較好？」

「沒辦法有條理地整理清楚想說的話⋯⋯」

「一時間找不到適合的詞語⋯⋯」

「想要了解對方，但要怎麼打聽他的消息比較好？」

「想要和對方說話，但不知道該如何開口。」

「要怎麼在眾人面前簡單明瞭地傳達事情呢？」

和他人交談時，是否有什麼煩惱呢？

我培訓他人溝通技巧、演講相關內容已經27年，至今為超過22萬人提供諮詢服務。從這些經歷中我真切地感受到，無論生活在什麼時代，與人際關係以及建立人際關係所需的溝通技巧有關的煩惱是永無止盡的。

溝通問題也分成各種類型，除了工作上的，還包括家庭等私人場合的人際關係。

根據出生年代、成長背景、所處環境，人的價值觀會有很大的變化。因此最近愈來愈常聽到以下的想法：
「我以為不說你也知道啊……」
「什麼啊！為什麼會是那樣的反應？」
「通常都會這麼做吧？！」

本書針對最具代表性的6大溝通問題進行說明，分別是「傳達」、「傾聽」、「提問」、「開口／回應」、「在人群面前談話」、「工作場合外的談話」。

收錄內容適用於各個年齡層和立場，無論是學生、職場新人、社會新鮮人、領導人、管理職都可以活用。

人生是否能180度大轉變，端看傳達的方法！
一起大幅提升溝通品質，改變人生吧！

2019年2月　戶田久實

扭轉結果的
溝通技巧大百科
【目錄】

前言 ⋯⋯⋯⋯⋯⋯⋯⋯⋯⋯⋯⋯⋯⋯⋯⋯⋯⋯⋯⋯⋯⋯⋯⋯ 3

第 1 章
傳達

🚩 目標是順利讓對方理解自己

確定想表達的「核心」⋯⋯⋯⋯⋯⋯⋯⋯⋯⋯⋯⋯⋯ 16

有能力的人在說話時會舉出適合對方的「例子」⋯⋯⋯⋯ 18

與其堅持己見，不如「聽對方的想法＋提出建議」⋯⋯⋯ 20

用詞太過謙虛，別人會看不起你 ⋯⋯⋯⋯⋯⋯⋯⋯⋯ 22

模糊不清的表達方式會讓對方感到混亂 ⋯⋯⋯⋯⋯⋯ 24

直到句尾都要表達清楚，才不會留給對方反擊的機會 ⋯⋯ 26

話中包含「WHY」是理解的第一步 ⋯⋯⋯⋯⋯⋯⋯ 28

將「怒氣」作為要求來表達 ⋯⋯⋯⋯⋯⋯⋯⋯⋯⋯ 30

愈是難以啟齒愈要簡明扼要 ⋯⋯⋯⋯⋯⋯⋯⋯⋯⋯ 32

以「～比較好」取代「不可以～」
促使對方接受 ⋯⋯⋯⋯⋯⋯⋯⋯⋯⋯⋯⋯⋯⋯⋯ 34

以「因為是○○」來請求，營造出優越感 ⋯⋯⋯⋯⋯ 36

明確傳達「做得到」與「做不到」的界線 ⋯⋯⋯⋯⋯ 38

談論工作時，一開始就要先破題 ⋯⋯⋯⋯⋯⋯⋯⋯⋯ 40

不必決定誰對誰錯 ⋯⋯⋯⋯⋯⋯⋯⋯⋯⋯⋯⋯⋯⋯ 42

婉拒時提出「替代方案」取代「做不到」 ⋯⋯⋯⋯⋯ 44

面對性騷擾，要用幽默直接的方式回應 ⋯⋯⋯⋯⋯⋯ 46

正因為和金錢有關，才要直接說出口！ ⋯⋯⋯⋯⋯⋯ 48

單方面斷定的說話方式討人嫌 ⋯⋯⋯⋯⋯⋯⋯⋯⋯⋯ 51

「反正」是自我防衛下產生的狡猾用詞 ⋯⋯⋯⋯⋯⋯ 52

告知他人自己的意見和想法是「個人觀點」 ⋯⋯⋯⋯ 54

難以指出的意外狀況可利用「⋯⋯」含糊表達 ⋯⋯⋯ 56

一句緩和對方心情的話，看出個人魅力的差距 ⋯⋯⋯ 58

說出事實，而不是責備對方 ⋯⋯⋯⋯⋯⋯⋯⋯⋯⋯⋯ 60

第 2 章
傾聽

🚩 目標是建立信賴關係

插嘴會造成對方不悅 ⋯⋯⋯⋯⋯⋯⋯⋯⋯⋯⋯⋯⋯⋯ 64

無法整理他人說話的內容，也就不能理清自己說的話 ⋯⋯ 66

對方愈是慌張，愈是要從容聆聽 ⋯⋯⋯⋯⋯⋯⋯⋯⋯ 68

不知道要回什麼時，就用點頭來帶過 ⋯⋯⋯⋯⋯⋯⋯ 70

留意接上中斷的話題 ⋯⋯⋯⋯⋯⋯⋯⋯⋯⋯⋯⋯⋯⋯ 72

利用發言前的「停頓」營造重視感 ⋯⋯⋯⋯⋯⋯⋯⋯ 74

將「了解」的反應訴諸言語 ⋯⋯⋯⋯⋯⋯⋯⋯⋯⋯⋯ 76

面對無法認同的話，不要直接否定 ⋯⋯⋯⋯⋯⋯⋯⋯ 78

體諒對方憤怒背後的情緒 ⋯⋯⋯⋯⋯⋯⋯⋯⋯⋯⋯⋯ 80

沒辦法開口附和時以表情來回應 ⋯⋯⋯⋯⋯⋯⋯⋯⋯ 82

替對方表達沒說出口的心情 ……………………………………………… 84

以「所以結論是～」加上謝詞來結束想要終止的話題 ……… 86

被攀談時露出的表情會表現出那個人的真實面貌 …………… 88

傾聽時區分事實和主觀想法 ……………………………………………… 90

面對女性的抱怨，不用提出建議 ……………………………………… 92

不要忽略眼神交流 ………………………………………………………… 94

第 3 章
提 問

🚩 **目標是了解對方**

沒有目的的提問會讓對方感到困惑 ………………………………… 96

對方回答不出來時，以「例如……」來舉例說明 …………… 98

對方回答NO的時候，反而是提問的機會 …………………………… 100

覺得「和自己想的不一樣！」時，反而要試著提問 ……… 102

發覺都是自己在說話時，
拋出「○○覺得呢？」交棒給對方 …………………………… 105

「你應該不會～吧？」質疑的口氣
會讓對方不愉快 ………………………………………………………… 106

對方和自己商量嚴肅的話題時，
要先應對再傾聽 ………………………………………………………… 108

面對話少的人，提出的問題要能二選一 ………………………… 110

提問切中核心，讓對方覺得自己不好糊弄 ……………………… 112

面對受過去束縛的人，
要提出使其看向未來的問題 ………………………………………… 114

反問只會抱怨的人「那你會做什麼？」……………………… 116

電話中對方說了兩次名字，
還是沒聽清楚時該怎麼辦？ ………………………………… 118

列舉例子，帶出「這麼說來……」……………………… 120

不好開口詢問的事情，可加上「方便的話……」………… 122

第4章
開口、回應

🚩 **目標是在不惹人討厭的情況下表明自己的意圖**

面對他人貶低自己，彰顯優越感的行為，不要應戰 ……… 124

以變化球果斷回應嫉妒心 ………………………………… 126

坦率回應女性扭曲的嫉妒心 ……………………………… 128

面對男性沉重的嫉妒心，回應時要抬舉對方 …………… 130

不要將詢問的「為什麼？」問成質疑的「為什麼!?」…… 132

冷靜回應對方的眼淚 ……………………………………… 134

拋下勝負欲，避免相互謾罵 ……………………………… 136

突然遭到斥責時，
只要說完這一句話就馬上離開 …………………………… 139

說出自己的想法，不指出對方的錯誤 …………………… 142

面對不想回答的問題，以反問來回應 …………………… 144

他人自嘲時，要爽快地否定 ……………………………… 146

受到表揚時要尊重對方，不過度謙虛 …………………… 148

試著不經意地拋出話題給群體中不太表達意見的人 …… 150

以「謝意＋婉拒」來拒絕邀請或介紹不喜歡的異性 ⋯⋯⋯ 152
沒有根據的「放心」會讓對方感到煩躁 ⋯⋯⋯⋯⋯⋯⋯ 156
可能要和不擅長相處的對象一起回家時的應對法 ⋯⋯⋯ 158
交換名片時的細心發言 ⋯⋯⋯⋯⋯⋯⋯⋯⋯⋯⋯⋯⋯ 159
和主管獨處時，拋出對方喜歡的話題 ⋯⋯⋯⋯⋯⋯⋯⋯ 160

第5章
在人群面前談話

▶ 目標是貼近聽眾的內心

別在自己說的話上貼打折標籤 ⋯⋯⋯⋯⋯⋯⋯⋯⋯⋯ 164
不用勉強自己以玩笑開場 ⋯⋯⋯⋯⋯⋯⋯⋯⋯⋯⋯⋯ 166
利用開場白吸引聽眾 ⋯⋯⋯⋯⋯⋯⋯⋯⋯⋯⋯⋯⋯⋯ 167
留下足以讓對方頷首表示「嗯」的間隔 ⋯⋯⋯⋯⋯⋯ 168
開始發表時，要先介紹整體概要 ⋯⋯⋯⋯⋯⋯⋯⋯⋯ 172
照本宣科無法傳達出熱情 ⋯⋯⋯⋯⋯⋯⋯⋯⋯⋯⋯⋯ 174
單調乏味的內容只聽1分鐘就會讓人厭倦 ⋯⋯⋯⋯⋯⋯ 176
說話手勢和聽眾人數呈正比 ⋯⋯⋯⋯⋯⋯⋯⋯⋯⋯⋯ 178
想要強調的內容不要用「。」斷句 ⋯⋯⋯⋯⋯⋯⋯⋯ 180
表達意見時，要從結論開始闡述 ⋯⋯⋯⋯⋯⋯⋯⋯⋯ 181
傾聽聽眾的反應會產生一體感 ⋯⋯⋯⋯⋯⋯⋯⋯⋯⋯ 182
PPT要以1張投影片傳達1個訊息的方式來總結 ⋯⋯⋯⋯ 184
以連環畫劇的方式來解說PPT ⋯⋯⋯⋯⋯⋯⋯⋯⋯⋯ 186

將想要表達的內容，當作關鍵訊息放在最後收尾 …………… 188

緊張時，在內心實況轉播自身的狀態 ……………………… 190

第 6 章
工作場合外的談話

🚩 **目標是建立良好的關係**

談話中只在乎自己想講的內容，會讓人感到厭惡 …………… 192

面對不斷重複相同內容的人，要直接了當地回應 …………… 193

受夠他人反覆找自己商量
「我想離婚」、「我想辭職」時 ……………………………… 194

錯過時機也沒關係，感到「抱歉」時就馬上道歉 …………… 195

面對情緒低落的人，與其鼓勵他們，
不如表示「隨時都可以跟我說」……………………………… 197

哀悼的心情要經過深思熟慮後簡短表示 …………………… 198

分別時的印象會留在記憶裡 ………………………………… 200

事先預告「可以讓我抱怨一下嗎？」
會讓他人更容易接受 ………………………………………… 202

說完負面想法後更要明確表示
「有和○○說真是太好了！」 ……………………………… 203

經過他人的介紹後，要表達謝意和報告後續請況 …………… 204

正因為地位高，才要注意話不要太多！ …………………… 205

面對「過度的關心」要邊暗示邊閃躲 ……………………… 206

遇到金錢話題時，點出重點不要逃避 ……………………… 209

附錄

工作&個人篇
馬上就能應用的實用句

〔職場、工作篇〕

得在聚會氣氛熱絡時提早離席 …………………………………… 214

想邀請剛進公司的新人喝一杯時 ………………………………… 214

對方忙碌時有事想說 ……………………………………………… 215

有工作想拜託非常忙碌的同事時 ………………………………… 215

對前輩或主管的教導方式有疑問，
想在不傷感情的情況下表達自己的意見時 ……………………… 216

希望對方改善不準時回覆的問題 ………………………………… 216

覺得自己的工作沒有得到相應的回饋時（對象為主管）………… 216

向他人報告犯下的失誤時 ………………………………………… 217

想要對犯下錯誤卻不道歉的下屬提出意見時 …………………… 217

同樣的錯誤犯了3次以上，要向對方表示歉意時 ……………… 218

面對再三勸告還是犯相同錯誤的下屬或後輩，
想要請他們多注意時 ……………………………………………… 218

被喝得爛醉的主管糾纏時 ………………………………………… 219

對於對方喝醉酒纏著人不放，
隔天卻忘得一乾二淨的行為感到火大時 ………………………… 219

同事搶走自己的功勞時 …………………………………………… 220

想要嚴厲教訓反覆犯錯的下屬時 ………………………………… 220

希望提早交期時 …………………………………………………… 220

請求更換負責人時 ………………………………………………… 221

在開重要會議時對方遲到 …………………………………………… 221

面對容易受打擊的人，
要指出他工作上的問題或向他提出要求時 ……………………… 221

客戶窗口做事有很多漏洞，可能會影響工作時 ………………… 222

突然交付的工作臨時又要變更 …………………………………… 222

提案時遇到無法立即回答的問題時 ……………………………… 223

想對發表許多負面言論，
擾亂現場氣氛的人講幾句話時 …………………………………… 223

聽到後輩說「公司的人際關係好難處理」時 ………………… 224

會議上議論紛紛各說各話，想要從頭開始討論時 …………… 224

被強迫接受單方面的意見時 ……………………………………… 224

遭到不講理的主管嚴厲訓斥，嚇到全身僵硬時 ……………… 225

自己的目的沒有順利傳達出去，導致對方誤解時 …………… 225

他人指出自己不知道的事情時 …………………………………… 225

〔個人篇〕

另一半忘記紀念日和生日時 ……………………………………… 226

希望和先生（太太）討論如何度過假日時 …………………… 226

偶爾想要向先生（太太）表示感謝之意時 …………………… 227

想要好好地向雙親傳達至今都沒有說出口的感謝時 ………… 227

想要傳達超越謝謝的感謝之情時 ………………………………… 227

見到尊敬的人，想在緊張中表示謝意時 ……………………… 228

孩子對自己說謊時 ………………………………………………… 228

得知另一半或親近的人對自己說謊時 ………………………… 229

總是被認為是可靠穩重的人，
但其實內心已經快要承受不了時 ……………………………… 229

對方說出口的話讓人感到受傷時 ……………………………… 230

聽到讓人火大的話，
過了好幾天都無法氣消時 ……………………………………… 230

希望丈夫向公婆表達意見時 ……………………………………… 231

怕被討厭所以一直都忍著不說，
但真的很想清楚告訴對方時 ……………………………………… 231

當天要臨時取消約會時 …………………………………………… 232

借出去的書對方一直沒歸還時（可能是忘了）………………… 232

對造成他人困擾卻不道歉的人感到憤怒時 …………………… 233

想要拜託回信總是很慢的人早點回覆時 ……………………… 233

在不得不說些什麼的情況下，不自覺感到緊張時 ……………… 233

聊天對象的牙齒卡菜渣或露出鼻屎時 ………………………… 234

無法忍受另一半的體味時 ……………………………………… 234

另一半送的禮物很沒品味時 …………………………………… 235

公婆送了自己不想要的東西時 ………………………………… 235

另一半說自己父母的壞話時 …………………………………… 236

想要和家人商量轉職、自立等未來規劃時 …………………… 236

胸部小、身材臃腫等自己很在意的外貌被指手畫腳，
覺得很不舒服時 ………………………………………………… 237

想要拒絕媽友的邀約時 ………………………………………… 237

婉拒告白時 ……………………………………………………… 238

後記 ………………………………………………………… 239

第 1 章

傳達

**目標是順利
讓對方理解自己**

確定想表達的「核心」

　　善於傳遞訊息的人，在說話前會先確定「想要讓對方了解什麼」。

　　不能因為要說的內容難以啟齒就拐彎抹角，如果迂迴到連自己都不知道在說什麼，當然無法傳達給對方。因此，最重要的是說話前先盤點「希望對方了解的內容」。

**面對不遵守不加班日，
連續好幾天都加班到晚上10點的女性下屬**

❌「妳每天的工作量都很多，感覺很辛苦，加班也不少。但我覺得還是得考量工作與生活的平衡，如果妳願意的話，可以來找我討論要怎麼調整。」

> **POINT**　● 沒有傳達出核心重點：「我希望妳準時回家，不要加班」。
> ● 如果對方是自我意識強烈的人，可能會回答：「沒關係，請不用在意。我喜歡工作，而且回家也沒事做。」

〇「妳每天工作量都很多，也蠻常加班的，很感謝妳對
　公司的付出。但還是希望在不加班日那天，妳可以
　準時下班。如果工作真的做不完，我們可以來討論
　看看該怎麼調整比較好。」

POINT　●一開始就明確傳達核心重點。
　　　　●提出無法達成時的替代方案更佳。

有能力的人在說話時
會舉出適合對方的「例子」

　　高手會在說明的過程中，適時加入「例子」。

　　在應該向理解程度和價值觀都不同的下屬解釋，或是拜託他們做一些沒什麼經驗的事情時，必須要有「舉例的能力」。

　　「舉例來說，希望可以像□○△這樣來處理。」如上述般在說明中加入例子，對下屬來說比較容易具體理解聽到的內容。若下屬無法順利了解說明的內容，就沒辦法朝理想的方向來行動，結果當然會不如預期，而且還可能會影響彼此之間的關係。

　　此外，利用舉例也能有效加深印象。

　　我在簡報提案培訓中，因為論點偏離主軸，想向大家傳達不希望加入其他無關話題的訊息，有時會說：「請不要說些像是幕之內便當※的話題。」比起「說話時請專注於重點，避免偏離主軸」，利用幕之內便當的普遍性，影射出難以記住自己吃了什麼的含意，更能留下印象。

※幕之內便當是一種在日本隨處都可買到的便當。

想要表達「溝通可以比喻成傳接球」時

「在投出自己的球之前，要先接住對方傳來的球。接受說話者闡述的『我認為是～』、『我的想法是～』等意見和主張後，再以『我考慮的是～』來表示自己的意見。」

單純說明

附加「例子」的說明

容易理解

高手

與其堅持己見，不如
「聽對方的想法＋提出建議」

　　一個人如果單方面地只說自己想說的話，會讓人覺得很幼稚。

　　能堅持自我觀點又不顯得強硬的人，不會單純高舉著自己的主張衝撞他人，而是會在傾聽對方想法的同時，進行有建設性的討論。

　　重點是，就算和自己的想法不同，也不能中途打斷對方說話。

✕「雖然我知道你的意思」、「但是」、「話雖這麼說」

POINT ●不要給予否定、批評的回應。

〇「所以△△的意見是～這樣對吧？」
〇「我的想法是～，○○的想法呢？」

POINT ●同時考慮到對方意見的話更佳。

❌「這種時候，通常不是～嗎？！」

「一般都會～吧？！為什麼不這麼做呢？」

POINT　● 帶有攻擊性的說話方式，會讓人覺得很幼稚。

⭕「我的想法是～，你覺得如何呢？」

POINT　● 以提議的方式來表達，對方更能接受。

⬅ **幼稚任性**　　　　　**傾聽＋提議** ➡

・否定的
　「但是」、「雖說如此」

・帶有批評的
　「雖然我知道你的意思」

・帶有攻擊性的
　「這種時候，通常不是～嗎 !?」
　「一般都會～吧 !?」

・肯定的
　「所以△△的意見是～這樣對吧？」

・考慮到對方的意見
　「我的想法是～，○○的想法呢？」

・提出讓對方接受的提議
　「我的想法是～，你覺得如何呢？」

用詞太過謙虛，
別人會看不起你

在職場上，經常看到有人認為要有禮貌，因而表現得太過謹慎。

例如有事情要拜託別人確認時，

你是否說過以下的話呢？

「拜託您這件事真的很不好意思，如果不方便可以直接拒絕沒關係，真的非常抱歉。」

「抱歉，在百忙之中打擾您……真的很過意不去。」

是否明明沒做錯事，

卻一直反覆說著「非常抱歉，再麻煩您了」呢？

時常如此表達的人必須要留意，對聽話者而言，比起覺得「這個人工作很謹慎」，此時更容易產生看不起對方的心理。例如「什麼都可以拜託這個人」、「對這個人說話強硬一點也沒關係」、「搞不好可以按照我們的想法來控制他」。因此，表達時請避免過度謙虛。

　　另外，把「不好意思」掛在嘴邊的人也必須要注意。

　　在拜託對方什麼事情時，如果經常使用自以為不帶歉意的「不好意思」時，

　　對方內心可能會產生罪惡感——

　　「我是不是做了什麼讓他覺得要一直道歉的事情？」

　　還可能會帶給對方不適感——

　　「他是真的覺得抱歉嗎？還是說想藉此保護自己，讓我沒辦法多說些什麼？」

　　因此，說話時請不要過度謙虛。

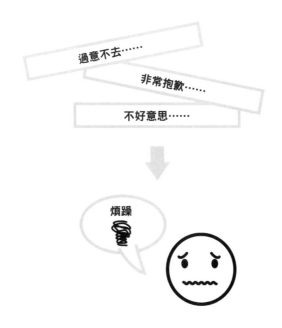

模糊不清的表達方式
會讓對方感到混亂

　　在拜託對方或向對方說明時，抽象的表示和具體的敘述，哪一種比較清楚明瞭呢？

　　模糊不清的表達方式會讓對方感到混亂，所以NG。

　　說話時要確認內容是「連國中生都可以了解」的程度。

❌「做事要主動。」

⭕「如果有什麼不了解的，不要等著別人來教你，要自己主動去確認、討論。」

❌「盡早回信。」

⭕「最晚要在24小時內回信。」

❌「要確實收拾乾淨。」

⭕「房間地板的東西要收到原處。」

❌「要好好打招呼。」

O「打招呼的時候，要停下手邊的工作，看著對方的眼
　　睛。」

　如果不說得這麼詳細，雙方就沒辦法達到共識。
　盡量嘗試用對方可以理解的方式來表達，得到「原來如
此！我懂了！」的回應。

原來如此!!
我懂了!!

模糊不清…

「要主動去確認」

「做事要主動」

原來如此!!
我懂了!!

模糊不清…

「24小時內回信」

「盡早回信」

直到句尾都要表達清楚，
才不會留給對方反擊的機會

　　以「……」來結束一句話，容易引來對方的反擊。有種類型的人由於說話方式上的明顯特徵，以致於在提出難以啟齒的請求、必須表示意見或婉拒對方的要求等場合上，遭到對方的反駁。

　　這個特徵就是話不說完整，顯得含糊不清，例如
「雖然是○○，但……」
「～想要拜託您……」
「我沒辦法……」
這樣的說話方式會顯露出自己沒有自信的本質，給予對方反駁的機會。因此，要傳達的事情愈是難以啟齒，就愈要確實把話說清楚。

以「……」結束是不行的！

～想要
拜託您……

雖然是○○，
但……

我沒辦法…

　○「真的很不好意思，但是否可以請你做～呢？」

對方的回應表現出
「真是拿你沒辦法啊……」的時候

○「再麻煩您了。」

POINT ● 緩衝語氣＋請求時交給對方判斷（委託型）能得到立竿見影
　　　　的效果。
　　　　● 防止對方反擊。

○「非常抱歉，因為～我只能婉拒，希望您可以理解。」
　　＋「您能理解真的幫了大忙。」

POINT ● 不留下反擊的機會。

要拜託像公司資深大姊這種難以接受請求的人時

○「有一件事想請○○姊幫忙。」
○「是否可以拜託○○姊幫個忙呢？」

務必要完整、確實地表達。

話中包含「WHY」
是理解的第一步

　　希望大家務必留意，在想要說服對方或促使對方付諸行動時，要將「WHY（為什麼）」傳達給對方。

　　舉例來說，相較於「最晚請在傍晚5點將要給A公司的資料準備好」，以下的說法對方比較容易接受：「為了讓對方在會議議程中排入我們的新提案，無論如何都得在下午5點前準備好資料。可以麻煩您先處理嗎？」

　　其他像是訂立規則時、和夥伴間想要變動什麼時、想要開啟新事物時，都要留意在說話內容中加入說明：「我想做○○，因為⋯⋯」，因為人只要理解「為什麼」的理由和根據，就會主動採取行動。

想要提醒對方注意時

✗「因為……是公司的決定的。上面的人真的很煩。」

✗「因為……都出社會了這不是理所當然的嗎！」

POINT ●讓人有種被強迫接受的感覺。

○「希望你下班回家的時候，將檔案資料收進抽屜，不要擺放在桌上。之所以會有這樣的要求是因為……清潔業者在大家下班後進行清掃時，可能會搞錯誤丟。最糟的情況下，還可能會不小心遺失機密檔案，動搖組織的信賴感。」

POINT ●了解原因後，對方就能接受。

將「怒氣」作為要求來表達

　　情緒性地直接將怒火發洩在對方身上的人，會讓人覺得很幼稚。

　　「笨蛋嗎你？適可而止好嗎！」

　　「我都不知道說了幾次了！我從沒看過有人可以把工作搞砸成這樣！」

　　這樣的對話完全沒辦法改善對方的行為，只會讓雙方感到不悅。

　　若是可以向對方傳達自己不喜歡什麼、心情是如何，還有希望對方做什麼，說話者內心會感到舒暢，聽到這些話的人，也比較容易理解生氣那方的心情。「生氣≠不好的事情」，而是對對方的請求，這麼思考的話，就會比較容易開口。

在工作上或私人場合上，
想對周圍不配合的人說句話時

❌「為什麼都不幫忙啊？」

○「有件事想拜託你可以嗎？方便的話，在大家共同處理工作時，希望○○能幫忙一下，例如繁忙期代接電話時……」

POINT ●說話時不要責備對方。

報告的錯字太多，不管說了幾次都不見改善時

○「關於報告上的錯字，希望今後可以仔細確認，多加留意。畢竟報告不是只給我看，還可能會呈交給主管，或是根據內容提交給其他部門和客戶。只要有一個錯字，或許就會失去對方的信任。」

憤怒是一種當事情沒有照著自己原本的「希望」或堅持的「應該」來發展時，所產生的情緒。

因此，在感到憤怒時，要將「希望～」、「原本希望～」作為請求傳達給對方。

愈是難以啟齒
愈要簡明扼要

對一般人來說，專心聽人說話比想像中的還要難。光是拐彎抹角的說話方式，就足以讓聽者感到煩躁。

❌「那個……關於○○的事宜我想和你討論……之前的會議中表示要在兩週後完成企劃案……雖然我想要做，也想要開始動工，但我手上還有很多工作要處理，大約要3個禮拜才能完成……如果在工作的同時著手撰寫企劃案，我不確定什麼時候可以完成……不知道來不來得及……」

POINT
● 遲遲不結束，沒有「。」的說話方式，聽在對方耳裡，會讓人煩躁到極點，覺得「所以呢？到底想要說什麼？？」
● 愈是難以啟齒的事情，愈要簡明扼要，一語道破，只點出重點。

⭕「關於必須提交的企劃案，我有事想要商量。若要在兩週後順利提交，就必須調整○○工作。現在○○工作已經完成一半左右，我可以將繳交日期稍微錯開兩天嗎？」

上班或開會遲到時

✗「我早上沒有睡過頭，是因為電車誤點才遲到的。」

○「對不起我遲到了。因為○○（電車誤點／上一個工作耽誤到時間）而遲到，讓大家等我一個人，真的很抱歉。」

POINT
- 先表示歉意。
- 如果先說原因，會被認為是在找藉口。
- 最後要再次表示歉意。

給予對方建議時也要簡明扼要地點出重點，例如：「我希望這次你先做□□，○○留著下次再做。」這麼一來既不會傷害對方自尊，又能明確傳達自己的意見。

如果還不習慣這樣的說話方式，可以在開口前先寫下來。

以「～比較好」取代「不可以～」促使對方接受

想要對方做出良好的行為時，如果只說「不可以○○」，對方可能會覺得自己遭到否定。

相反地，若是以「○○比較好」來表示那麼做會好很多，對方也會比較願意接受。

尤其對象是下屬或小孩等地位和輩分比自己低的人時，說話時留點心，更容易改變對方的行為。

當事情順利完成時，也不要忘記向對方表達謝意，像是「謝謝」、「○○真是幫了大忙」等，或是以「做得好」之類的詞彙來認同對方的能力。

特別是最近公司的新人，愈來愈有害怕失敗的傾向。其中甚至有人聽到「不可以做～」就萎靡不振，或是感到不安，不停想著「如果無法完成～該怎麼辦」。

因此，請盡量用對方可以接受的方式來表達。

✗「你必須要在1個月內學會這些工作內容。」

POINT
● 對方會因為害怕失敗而提心吊膽。
● 有些人可能會反抗。

不可以～

○「在1個月內學會這些工作內容的話，我才能交給你下一階段的工作。」

POINT
● 即使是相同的意思，以「～比較好」的方式來表示，對方的接受度會更高。

～比較好

以「因為是○○」來請求，
營造出優越感

在拜託什麼事情或坦白說出不太告訴他人的事情時，建議加上「因為是○○我才說的」這句話。

但對同一個人重複使用多次，可能會讓人起疑心，所以要避免，例如：
「他說我的狀態很好。」
「這個人對誰都這麼說吧？」
「他是利用『因為是○○』的話術，讓人心情愉悅地照著他說的話做吧？」

頻繁地四處使用，會導致他人產生不信任感，不過遇到非常合適的時機時，請務必試著說說看。

O「只有○○可以做到，其他人都沒辦法。」

O「因為是○○才能做到，拜託您了！」

O「因為是○○，我才會不小心又來依賴您。」

POINT ● 傳達出你和其他人不一樣的訊息。
　　　　　 ● 對自尊心高的人尤其有效。

請求

「因為是○○」

優 越 感

明確傳達「做得到」與「做不到」的界線

　　受人請託時，如果只說「我可以承接任何工作」，結果卻無法順利完成時，會嚴重失去他人對自己的信任。

　　有些人會認為回答「NO」、「做不到」會讓對方失望或是失去對方的信賴……但實際上絕對不是這樣。

　　無論是在著手處理工作、還是在處理的過程中，都要事先表明自己做得到哪些、哪部分做不到。相較承接所有工作卻半途而廢，一開始就劃出界線，對對方來說會比較友善。

主管交付工作時

◎「您吩咐的會議紀錄我會如期完成。但因為現在手邊還有其他案子，可能來不得及整理好各分店的銷售數據。真的非常抱歉，是否可以請其他人來處理呢？」

○「我可以準備會議資料，但很抱歉，因為我沒有相關的經驗，是否可以請有經驗的人來主持當天的會議呢？如果可以讓我觀摩一次進行的過程，對我來說會很有幫助。」

受邀擔任朋友慶祝活動的負責人

○「餐廳（店家）由我來安排，但我沒有時間去買禮物，禮物可以拜託你準備嗎？」

工作看來無法如期完成時

○「非常抱歉，□□工作可能無法如期完成，是否可以讓我延後兩天呢？」

POINT ●知道來不及的當下，就要馬上告知。

　　如上述的例子般，明確傳達「做得到」與「做不到」的界線，清楚知道雙方擔負的任務，對方也會覺得比較好做事。

談論工作時,一開始就要先破題

當下屬只說:「我有事情想要討論……」就沒有下文時,主管會困惑地想說:「到底是想說什麼……?」

因此,如果你是開口的那方,一開始就要先表明是要商量、聯絡、共享情報,還是其他事情,接著再詳細地說明。這樣聽者才能放心地聽你說話。

和客戶商討後,向主管報告時

⭕「向您報告,和 A 公司的△△商量後,對方決定採用我們的提案。這次的案子對方的下單價格為~元。」

⭕「關於 A 公司的案件,有件事想和您討論。與 A 公司開會時,對方強烈希望我們提案金額的可以減少一成。我向對方回覆這不是我一個人可以決定的,必須要和主管討論。那這件事您覺得要怎麼應對比較好呢?」

送出提案企劃書後，主管沒有任何回應，
想要提醒對方時

○「不好意思，請問我在○日送出的提案企劃書，您是
否已經過目了呢？方便的話，是否可以提供您的意
見（結果）呢？」

和主管的意見不同，
但有個想法無論如何都希望可以通過時

○「部長，我有件事情想和您討論。因為部長的意見
是～，但我的想法是～，想請部長務必重新再考慮
一次。」

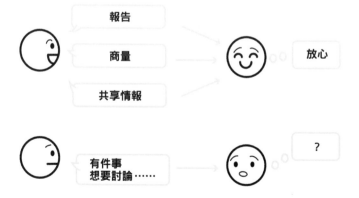

不必決定誰對誰錯

　　和各種人接觸的過程中，可能會遇到價值觀不同、意見分歧的情況。尤其是我最近愈來愈常接到自認為是「理所當然」、「常識」的事情，因為「和對方的想法不同而感到生氣」這類的諮詢。

　　但是，價值觀本來就會因人而異。

　　在轉職人口眾多的職場中，每個人都帶著前公司不同的文化，如此便有更多不一樣的想法。

❌「我們不會那麼做啦！工作一般不都是按部就班嗎！」

> POINT ●強迫他人接受自己的想法，並否定他人的作法。

⭕「原來如此，你想先在董事會提案。可以告訴我你為什麼這麼想嗎？」

⭕「喔喔！你覺得這樣通過的速度會比較快。但是關於這次的工作，我希望先從與其他部門溝通開始。因為我們公司……」

POINT ● 傾聽對方的想法。
　　　　 ● 表現出商量的態度。

「聚會乾杯一般都是喝啤酒吧！」

「玉子燒沾醬也太奇怪了吧！」

　這樣的說話方式，聽在對方的耳裡，會覺得自己好像不正常。

　但是溝通的目的並不是反駁到對方說不出話，以此證明自己是正確的。

　自己的想法和價值觀並不是理所當然，不如說，每個人都不一樣反而才是正常的。重點是要互相了解、認同彼此的不同。

　當必須做出決定時，要以對方可以理解的方式，來傳達自己的想法和感受。而且也要傾聽、討論對方的想法和感受，像是「你為什麼會那麼想？」、「為什麼之前會那麼認為？」

　這樣的討論方式，在必須和意見、價值觀都不同的對象共同決定事情，或是想要對方照自己的想法來行動時，都能展現出效果。

婉拒時提出「替代方案」
取代「做不到」

　　在必須拒絕對方要求的時候，如果只回答「做不到」，可能會因此結束彼此的合作關係。

　　真的想做自己能做到的事情，但無法按照要求來完成時，可以準備替代方案：「如果換成○○，我就能做到。」如此一來，還能一口氣提高他人對自己的信任感。

　○「關於收到的案子，很遺憾我沒辦法承接。但這個案子我可以提供協助，您覺得如何？」

POINT　　●有想要提出的方案時，不接受對方要求，改提出自己想法也OK。

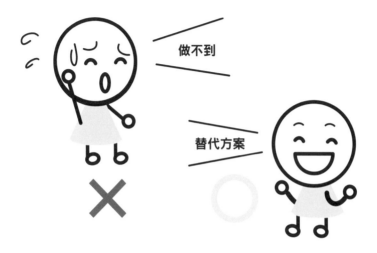

接受對方的要求時

○「這次就照那樣來處理，但之後能否改成～呢？」

○「這次接受的金額為～。可以的話，是否也可以把○○交給敝公司來處理呢？」

面對性騷擾，
要用幽默直接的方式回應

　　他人對自己說出性騷擾的言語時，你會怎麼回應呢？

　　言語性騷擾一般人都會感到不悅，但如果直接大喊：「這是性騷擾！」現場的氣氛就會變得很緊張。即使自己沒有錯，還是有可能會被貼上「那個人開不起玩笑」的標籤。

　　如果對方是可以反駁的對象，那就先以幽默感來應對。有些人說出口時可能沒有惡意，溝通高手一般會以幽默直接的口吻來回應。我認識的溝通高手都很擅長反擊言語上的性騷擾。

面對主管或長輩的言語性騷擾時

〇「剛剛從平常都很紳士的○○部長口中聽到『你就像肉丸子一樣』時，內心真的很震驚耶～」

說了也不會破壞關係的情況

○「你的胸部好大啊！罩杯是多少？」→「兩杯喔～」
○「你是不是胖了啊？」→「幸福肥啊！」

避免氣氛變糟的技巧，也可以用在性騷擾以外的場合。

你的胸部好大啊！
罩杯是多少？

幽默直接地
回應！

兩杯～

正因為和金錢有關，
才要直接說出口！

　　在針對「你覺得難以啟齒的話題是什麼？」進行調查的問卷中，金錢絕對名列前茅。似乎有許多人深信把錢掛在嘴邊，會顯得自己很厚顏無恥，但請大家捨棄這個想法。

　　在工作方面，愈是專業的人，愈能聰明地將金錢化為言語。而且時間拖得愈長，有些內容愈難說出口，所以要盡早平靜、直接地說出口。

想在交涉時調降委託的價格

〇「有件事想和您商量，關於您提出的價格（我們的預算無法更改），是否可以訂為～元呢？」

對方的工作成果不如預期，
想要進行談判降低支付費用時

O「因為沒有看到委託的工作呈現出應有的成果，想和
　您討論這次的費用。具體來說，像是製作階段的失
　誤、產品完成度低，都會對未來發展產生阻礙。因
　此，這次的委託費用我想調整為○○元，您覺得如
　何？」

POINT ●為了不讓對方覺得「自己很吝嗇」，要明確告知決定調降費
　　　　　　用的原因。
　　　　　●如果決定以後不再和對方來往，也可以選擇不商量費用的問
　　　　　題。

提出的費用太低，準備拒絕時

O「非常抱歉，您提出的金額我們沒辦法接受，若您可
　以考慮～元，我們會很感激，不知您意下如何？」
O「不好意思，其他客戶的報價也是～元，希望您可以
　理解。」

無法接受對方交涉的價格時

⭕「非常抱歉,我們給的已經是最低價了,無法再降價,希望您可以理解,謝謝。」

店鋪提出金額比預算還高的商品,打算交涉價格時

⭕「這個商品真的很棒,我們很喜歡,但因為預算限制,希望價格可以訂在～元左右,請問是否有調整的空間呢?」

對方表示無法降價時

⭕「很遺憾價格無法再壓低,只能麻煩您介紹符合敝公司預算的商品了。」

單方面斷定的說話方式討人嫌

　　單方面斷定的表達方式，會被周圍的人貼上「頑固」的標籤。

　　「B型的人大多都很任性（我行我素）。」

　　「九州男人都很重男輕女……」

　　「最近的年輕人從小就被寵壞。」

　　像這樣說話總是單方面斷定的人，往往會被視為是固執己見的麻煩、頑固人物。身邊的人也會對他們有所防備，不願意親近。

　　思考時不會單方面斷定的人，不受偏見影響，腦中會有更多想法，視野更容易拓展，而且可以客觀地看待任何事物。

　　因為不會說出「那種人一定是～」這種單方面斷定的話，和對方相處時，就不會有先入為主的想法或偏見。如此交際的範圍也會更加寬廣。

　　希望大家可以養成表達時不單方面斷定的思考方式，建立廣泛的人際關係。

「反正」是自我防衛下
產生的狡猾用詞

　　人們常說「但是」、「那是因為」、「反正」是阻礙人類成長的詞彙。

　　有些人聽到令他們不舒服，而且不想認同的話時，經常會使用「但是」；「那是因為」則是用來辯解、保護自己的詞彙。

　　此外，當被要求挑戰什麼或不得不應對新事物時，時常會用「反正」這個詞彙，在事前展現出自己的沒用，以保護自身。總歸就是沒自信。

- ❌「反正我說的話，那個主管又不會聽。」
- ❌「反正不論我多麼努力，都得不到認同。」
- ❌「反正不管我怎麼提案，都會因為想法太天真而被否決。」

　　「反正」是自我防衛的詞彙。

　　是方便在別人不聽自己說的話、得不到認同、遭到否定時，用一句「你看，我就說吧！」來應對的詞彙。

　　同時也是，可以用不是我不夠好，而是對方是那樣的人
（人們）……來結束話題，避免自己受到傷害的狡猾詞彙。

　　一但說了「反正」，乍看下比較輕鬆，其實是在斷送自己
的機會，導致無論過了多久都沒辦法成長。因此，在內心
湧出想說「反正」的衝動時，可以改口問說「怎麼樣才能
做到？」、「怎麼做比較好？」。

　　只要盡量不使用「但是」、「那是因為」、「反正」，他人對
你的印象就會一口氣上升許多。

自我防衛的詞彙	促進成長的詞彙
・但是 ・那是因為 ・反正	・怎麼樣才能做到？ ・怎麼做比較好？

告知他人自己的意見和想法
是「個人觀點」

希望大家可以留意，在向他人傳達事情時，要區分清楚那是自己的「意見」還是「事實」。

表示「這是我的個人觀點」和傳達「最後結果是○○」的表達方式完全不同。

❌「今天和客戶的交談非常順利，客戶非常喜歡我的提案，毫無疑問，一定會採用。」

> **POINT** ▶
> ● 聽者可能會判斷錯誤。
> ● 錯誤的情報四處傳來傳去，也會讓許多人感到困惑。

⭕「客戶表示這次的提案非常符合他們的要求（客觀事實）。我認為交談過程很順利，應該有機會採用（主觀想法）。」

可以區分清楚主觀想法和客觀事實的人，因為「可以客觀地掌握事物全貌」而獲得他人的信任。

當被問及主觀的想法、感想和感受時，以個人觀點來回答；工作上的報告、聯繫、商談則是要傳達出客觀事實。

```
        完成的事
          │
        分開考量
       ╱        ╲
    主觀          事實
```

・個人感想　　　・工作上的報告

・感受　　　　　・工作上的聯繫

・意見　　　　　・工作上的商談

難以指出的意外狀況可利用「⋯⋯」含糊表達

遇到主管的假髮歪掉或鼻毛露出來之類的意外狀況時，你會怎麼辦呢？建議利用「⋯⋯」含糊表達。

如果太過直白，對方可能會感到受傷。可藉由降低音量並模糊句尾的方式，來確保只有對方察覺。

不小心看到主管的假髮歪掉時

❌「假髮歪了喔！」

POINT
- 毛髮有時涉及到對方的尊嚴。
- 不要直接講出假髮這兩個字。

⭕「那個⋯⋯您的頭髮亂了⋯⋯」

POINT
- 悄悄地小聲告訴對方。

主管露出鼻毛或石門水庫沒關時

O「有件非常難以啟齒的事情，我覺得告訴您比較好……」

POINT ● 降低音量，避免被旁邊的人聽到。
● 傳達時不要讓對方感到羞恥。

O 如果是聽得懂玩笑的人……「你鼻毛現在跟天才妙老爹中的爸爸一樣……」

主管在認真說話時，
有一隻蚊子一直停在他的眉毛上

O「那、那個……眉毛有蚊子……」、「一直很猶豫要不要說，但被叮的話會很糟糕吧……」

POINT ● 不可以突然笑場。

句尾含糊表示，周圍的人就不容易發現。而且對說話者和聽話者來說，也比較不會尷尬。

一句緩和對方心情的話，
看出個人魅力的差距

對方因為介意而感到「抱歉……」時，一般人都會想用一句話來緩和對方的心情。

例如，朋友和自己約碰面時不小心遲到了，因為覺得很抱歉，於是傳LINE或打電話過來時，可以回答：

「沒關係啦！不要緊張，路上小心。」

若是先抵達店鋪，則可以向對方表示：

「沒關係啦！我正在喝冰涼的飲料呢！」

這麼一來，對方就能放下心來。

此外，面對因為突然塞工作給自己，內心感到很糾結的同事，可以說：

「我能幫上忙真是太好了，互相幫忙嘛～不用放在心上啦！」

對於能說出這些話的人，對方會認為他是個友善、親切、會考慮對方心情的人，並覺得「來往（一起工作）的對象是他真是太好了」。之後如果角色對調，當自己造成他人困擾時，對方很有可能也會替自己著想。因此，一句話就能看出個人魅力的差距。

對特地來訪的人說的一句話

○「勞駕您特地過來。」
○「謝謝您專程前來。」

有人因為自己加班，猶豫是否要回家時

○「○○，準備好了就回家吧！不用在意我沒關係。」

非常抱歉！

沒關係啦！

這個人
真親切♡

說出事實，而不是責備對方

對方在工作上出錯時，有時會不小心想對他說：「為什麼會犯這種錯誤啊？！」但責備對方只會造成反效果。容易受傷的人，會感到失落、害怕；好勝心強的人，則可能會回嘴或發脾氣。

當出了什麼問題時，直接傳達客觀事實：「由於這次下單的失誤，耽誤了Ａ公司的交貨時間，相關的負責人不得不連夜處理。」

說話時將重點放在事實，聽者不僅不會覺得「自己受到責備」，還能清楚得知事情的嚴重性，促使內心產生警惕，督促自己以後要更為謹慎。因此，今後請將責備的言語放在一旁，務必向對方說明「客觀事實」。

警告遲到的人

❌「○○，你為什麼老是遲到？也太散漫了吧！」

⭕「你這個月遲到 3 次了，所以我覺得今天得再次提醒你一下。」

POINT
- 不是 100％ 完全是事實的情況，不要使用「總是」、「一定」、「絕對」這些詞彙。
- 不要說出例如「散漫」這類否定人格的詞彙。

面對他人的提醒，對方為自己辯解時

❌「為什麼要從中找藉口？所以我才覺得你這個人沒救了。」

⭕「這時候找藉口辯解，你之前說的那句『我知道了』不就失去意義了嗎？」

POINT
- 辯解＝（等於）不會單方面指責對方沒用。
- 只告訴對方，找藉口這個行為會讓人怎麼想。

想要修正可能導致關係惡化的誤會時

○「因為發現可能會造成錯誤的解釋，可否讓我仔細地
再說明一次呢？」

○「您可能誤解成○○，但我原本想傳達的內容應該是
□□。」

POINT ●不要責備對方。
　　　　●傳達原本正確的意思。

對方搞錯自己的名字時

○「我叫做○○啦！經常會有人搞錯我的名字呢！」

POINT ●傳達正確的名字。
　　　　●同時表示經常有人搞錯，讓對方放心。

與其責備對方，不如傳達客觀事實。

第 2 章

傾聽

目標是
建立信賴關係

插嘴會造成對方不悅

在聽人講話時，絕對不可以插嘴講自己的話題。當對方話都還沒講完，卻被人插話：「其實我也是！我有遇過那種事！」並搶走話語權時，對方會感到很不舒服。

你是否遇過在工作上主管搶下屬的話，或是某人在發表時，旁邊有人插話後將話題愈扯愈遠，結果到最後大家都不知道原本到底在說什麼的情況呢？

這種情況無論是在私底下、一對一還是團體談話時都會遇到。

如果養成插嘴的習慣，儘管自己心情愉悅，在場的人卻會覺得很困擾。而且會給人「那個人很自我中心」、「不想邀請他來」的印象，導致自己和大家產生隔閡。

一般人都喜歡說話的對象是願意聽自己講話的人。如果想更受到他人信任，不妨回首過去，看看自己是否曾不自覺搶他人的話。

如果發現自己老是在無意中打斷人家說話，請務必謹記以下幾點。

O 等對方把話說完，並附和說話的內容：「對啊！」、「是那樣嗎？那是○○對吧？」

O 提出預警避免插別人話：「我現在可以說句話嗎？」

O 當話題好像要被搶走時表示：「那個，可以再讓我說一下嗎？」、「○○的話好像還沒說完。」

O 在說話前先表示：「首先，希望大家可以先聽我把話說完……」

那個啊～

插嘴 ✕

附和

嗯嗯！

其實我也是！
我有遇過那種事！

無法整理他人說話的內容，
也就不能理清自己說的話

事實上，擅長傾聽的人，整理思緒和發表的能力也會很優秀。

反過來說，無法理清他人說話的內容，就無法整理自己說的話。通常有這種狀況的人經常會說出對方難以理解的話。

在聽人說話的同時，整理對方想表達的內容，並歸納出重點：「所以您的意思是～」這個過程就如同在開口講話前，整理好自己想說的話。

如果想要鍛鍊說話的邏輯，首先就是養成在聽人說話的同時，整理對方所說的內容，並歸納出重點的習慣。

其中女性比較會有反覆說一樣的事情，或話題愈扯愈遠，導致連自己都不知道在說什麼的傾向。

因此，目標是努力讓自己可以抓住重點並整理清楚。

3個整理的訣竅

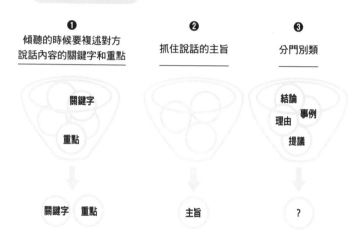

❶
傾聽的時候要複述對方
說話內容的關鍵字和重點

關鍵字

重點

↓

關鍵字　重點

❷
抓住說話的主旨

↓

主旨

❸
分門別類

結論
事例
理由
提議

↓

？

整理時必須先掌握的要點

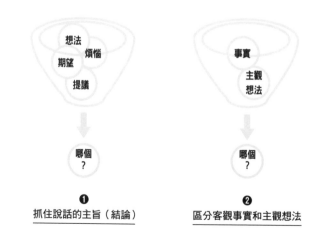

想法
煩惱
期望
提議

↓

哪個
？

❶
抓住說話的主旨（結論）

事實
主觀
想法

↓

哪個
？

❷
區分客觀事實和主觀想法

對方愈是慌張，
愈是要從容聆聽

　　掌握對話主導權的是聽話者，而不是說話者。

　　舉例來說，對方在工作上陷入麻煩或犯錯，或私底下遇到困難或約會遲到時……對方愈是慌張，聽者愈是要冷靜從容，以穩重的態度傾聽對方講話。聽話者表現出穩重的態度，說話者會受到影響，慢慢地平靜下來。

擺出從容態度的要點

- 在對方驚慌失措時，先放緩呼吸，間隔3秒後，再吸氣、吐氣。
- 讓對方坐下來。
- 換個地方（安靜不吵雜的地方等）。
- 泡茶。
- 對方非常慌張時，若是同性，可將手放在他的背上。

- 附和也要從容應答。

- 點頭也要不急不徐。

- 等對方說到一個段落,再表示意見或提問。

- 提問時也要慢條斯理,避免表現出強勢的樣子。

- 不要雙臂抱胸或露出嚴肅的表情。

- 不要怒視對方(尤其是對方失敗等時候)。

**當對方慌張失措、不知道怎麼說,
或是沒辦法開啟話題時**

○「思緒太亂的話,想到什麼說什麼也沒關係。」

○「可以等冷靜下來後再說喔!」

尤其是身為培育者的人,要特別留意這點。

不知道要回什麼時，
就用點頭來帶過

　　生活中經常會遇到不知道要回什麼的情況，像是誹謗、謠言、過於觸及私生活的話題、抱怨、過度自嘲、自誇及嚴重的家庭問題等。

　　不過，在和人聊天的過程中，就算遇到難以回答的話題，或是一時間不知道怎麼回覆，也不能什麼話都不說。

　　這種時候，建議用點頭來帶過。

不知道如何回答時

「和○○分手真是太好了！和那種糟糕的人交往，自己的運氣也會變差！因為⋯⋯」

「我前一陣子辭職了！那間公司真的有夠糟！從老闆到主管每個人都是白癡⋯⋯」

POINT ●（如果內容裡有部分讓人覺得「他這麼做真是太好了！」）
不疾不徐地微笑點頭，並回答「是啊！」

表現出認真聆聽的態度時

「老公被公司資遣了，家裡還有孩子在念書，很多事情都
要用到錢，不知道接下來要怎麼生活……」

POINT ●當對方在訴說嚴肅的問題時，要以認真的表情緩緩地點頭表
示：「對啊……」

在一時想不到要說什麼，或是覺得不要隨便講話比較好的
時候，點頭可以避免尷尬，而且也會在對方心裡留下「這個
人有認真聽我講話」的印象。

在聆聽他人說話時，不要只依賴言語，也要留意自身的態
度和反應。

71

留意接上中斷的話題

你是否曾有過在開會或討論的過程中，商量的話題逐漸偏離主旨，已經不知道在說什麼的經驗呢？如果現場有容易離題的人，就必須多加留意，而且要有人想辦法將話題拉回來。

要拉回正題時，拋出以下的說法都能見效：

「接下來回到剛剛的話題。」

「那麼回到正題……」

面對即使如此，還是在自由地發表意見的人，可以直接表示：「現在話題已經扯遠了，可以回到正題（○○話題）嗎？」

「你可能還有很多話想說，但時間有限，我們的話題可以回到應該商量的事項嗎？」

「可以先針對～進行討論嗎？」

建議在準備和說話容易失控離題的人開會時，先確認商談的事項、流程和結束時間，並製作議事日程。

　也可以事先確保主導權在自己手上：「這次會議的進程，是否可以交給我來處理呢？」

　通常有下屬或後輩的人，會被要求有控場的引導能力。而且大家會打從心底佩服，能將偏離軌道的話題拉回正題的人。

〈將話題拉回正軌時〉

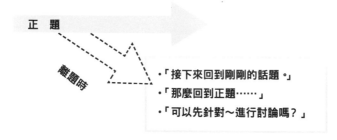

正　題

離題時

・「接下來回到剛剛的話題。」
・「那麼回到正題……」
・「可以先針對～進行討論嗎？」

〈事前的對策〉

・「今天要討論關於○○的事宜，
　進行流程為……」
・「這次會議的進程，
　是否可以交給我來處理呢？」

正　題

利用發言前的「停頓」
營造重視感

　　對方對自己訴說嚴重的問題，或是聽到無法隨便聽聽的重要話題時，在開口回覆前，要先停頓大約5秒。

　　接著再點頭表示：

　　「（停頓）竟然發生了那種事啊……」

　　「（停頓）那真的是很嚴重的問題啊……」

　　「（停頓）那還真辛苦啊……」

　　也可以老實告訴對方：

　　「我不知道要說什麼比較好……」

　　說話者在說心裡話的時候，內心會變得敏感。利用些許的停頓來體諒對方的心情，同時也能讓他放下心來。

　　回應時，要留意配合說話的內容。如果是快樂的話題，就要愉快地回應。

　　若是悲傷的話題，就要難過地回應。

而如果是嚴肅的話題，則要認真回應。

這一點在進行認真的話題時，尤其重要。

大家可能會覺得這不是理所當然嗎？但光是能做到這點，就會被周圍評價為「能理解他人感受的人」、「會看氣氛的人」。

有時會看到有些人在講嚴肅話題時笑著回應，或是沒有集中精神聽人講話，這樣的人都會馬上失去他人的信任。

希望大家記住，聽者的態度，比想像中還要讓人難忘。

（嚴肅的話題）

5 秒左右的「停頓」

……竟然發生了那種事啊……
……那還真辛苦啊……

將「了解」的反應訴諸言語

相信大家經常會遇到和對方的意見產生衝突，或沒辦法同意對方要求的情況。因為打從一開始就和對方意見分歧，後續才會出現交涉之類的場面。

在交涉的過程中，有時是不是會強烈主張自己的想法，完全聽不進對方的意見呢？是否聽進對方說的話，卻忘記傳達「已經了解」他們想表達的內容呢？

不是只說「我了解○○說的話」就好了，最重要的是，有時要抓到對方最在意的部分，表示自己已經確實理解。

> **提案時，對方表示：「我反對！突然這麼說很讓人困擾，我希望可以談談！」**

❌ 「就算你這麼說，但事情都已經決定好了……」（對方
　　是工作來往對象的話）

❌ 「我也沒辦法啊！這是突然決定的！」（對方如果是親近
　　的人）

△ 「所以你不贊成是嗎？」

⭕ 「好吧，因為沒有在事前先討論，你才會覺得沒辦法
　　同意對吧？」

POINT ● 不只是得出結論，也要抓到對方最在意的部分。
　　　　● 表現出理解對方得出這個結論的過程、想法和心情。
　　　　● 當自己表示「願意理解」時，對方也會放心並相信自己。

⭕ 「我完全理解○○會得出這樣的結論，是在擔心～部
　　分。」

也有案例是因為無法用言語表示已經理解，導致雙方交涉
陷入膠著。這種情況非常可惜。

如何主張意見固然很重要，不過要怎麼樣才聽得進他人的
意見，也是會左右交涉走向的重點。

面對無法認同的話，
不要直接否定

「那個人説的話都是他自認為的想法吧！」

「Ｋ部長啊～之前明明一根頭髮都沒有，最近卻長出了一點，一定是假髮啦！」

……聽到這些讓人想説「咦？應該不是吧？」的話題時，你會有什麼反應呢？

要留意的是，如果直接反駁説：「我不這麼認為。」可能會讓氣氛變得緊張。

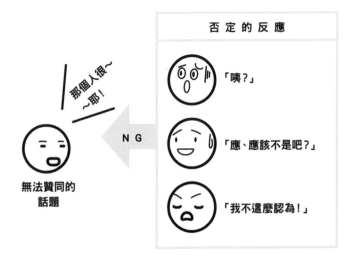

那個人很～～耶！

無法贊同的
話題

ＮＧ

否定的反應

「咦？」

「應、應該不是吧？」

「我不這麼認為！」

◎**聽到對方說自己**
　無法贊同的話題時

◎ **接受並傳達**
　　自己的意見

・「我的想法是～你覺得如何？」
・「非常抱歉，我無法接受
　這個提案，因為⋯⋯」

◯ **姑且接受**

・「○○是這麼想的啊！」
・「也是有人這麼想呢！」
・「所以你是想做～」

✕ **躲避球式的反應**

・「我知道您的意思⋯⋯」
・「就算那麼說⋯⋯」
・「但是⋯⋯」

　姑且接受後再傳達自己的想法，對方也會比較願意接受
你的意見。

　與其執著於對錯，不小心說出反對的意見，選擇委婉回
覆，會讓今後的關係
較為融洽。

體諒對方憤怒背後的情緒

　　人在發脾氣的時候，背後可能隱藏著難過、後悔、不安、困惑或孤單等各種不同的情緒。

　　舉例來說，有一位先生在沒有聯繫太太的情況下，拖到三更半夜才回家，導致太太大發雷霆。太太怒氣沖沖地說：「那麼晚回來都沒有先講，會讓人家很困擾知不知道！」但實際上，在憤怒的背後潛藏著最初的情緒：「是不是遇到什麼事情？怎麼辦？好擔心。」

　　在心理諮商等場合，察覺、體諒憤怒背後的情緒非常重要。不過不只是心理諮商，在日常交談中也要做到這點。

　　對於潛藏的情緒，可能連本人都沒有發現，或是即使有察覺，但還是選擇逞強發脾氣。

　　因此，當對方表示：「竟然做出○○這種事，完全沒在替我著想！」時，請試著詢問：「這讓你覺得如何？」若對方回說：「因為我也會擔心……」就要附和他：「嗯！真的會很擔心。」

◎貼近對方情緒的附和範例

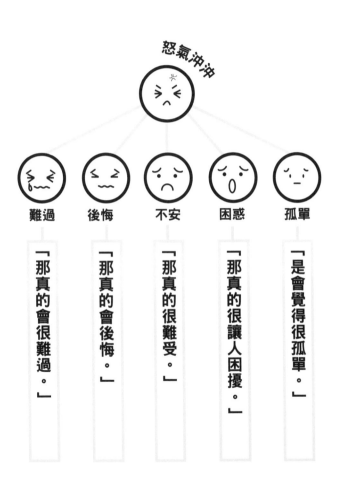

沒辦法開口附和時
以表情來回應

● 明明是一對一談話，對方卻像是機關槍一樣，一個人氣
　 勢洶洶地講個不停，完全沒有開口附和的機會。
● 作為眾多聽眾的一員，聆聽演講或發表會時。
● 在和許多人一起開心聊天，自己的意見並非特別重要時。

　在以上的場合中，不要說自己的意見了，連附和的機會
都沒有。……雖說如此，一臉困擾或是一本正經地聆聽，
也可能會讓對方不安地想說：「那個人到底有沒有認真在
聽。」

　因此，在對方提到幽默感十足的笑話時，以大笑來反
饋；如果是煩惱、嚴肅話題，就露出皺眉、認真的表情；
說到意外的話題時，則睜大雙眼，露出嚇一跳的表情，甚
至可以說出：「咦～～？！」的感嘆詞。
　對方在說開心或值得恭喜的事情時，可以回以笑容和鼓
掌。不用太誇張沒關係，總之要給予自然的反應。

　我在上台培訓或演講時，眼神也會不自覺朝向表情豐富
的聽眾，並會對那個人留下印象（記憶）；相反地，對於面

無表情，不管說什麼都是相同表情的人，則會覺得很難繼續講下去。

　希望大家記住，即使沒有開口說話，臉上表情仍然會影響對方的內心。

替對方表達
沒說出口的心情

在成功完成一個長期企劃，或是在忙碌中抽空埋頭苦讀，並通過考試時，相信有些人會在報告到正精彩時，不由得激動到說不出話，或是不敢說自己到底有多努力。

遇到這類情形時，可利用下列的例子，替對方表達沒說出口的心情。

○「應該有段時間很辛苦吧！可以順利完成，我真的很替你開心。」

○「這是因為你堅持不放棄，一直努力不懈所得到的結果，可以實現夢想真的太好了。」

在經過各種掙扎、決定離婚時，我向朋友告知此事，當下我只說了一句：「我離婚了⋯⋯」知道前因後果的朋友回答我：「是嗎⋯⋯你深思熟慮後，終於下定決心了，這段期間真的辛苦了。」因為他代替我說出那時的心情，我直到現在都還是覺得很感動。

再舉一個女性的例子。有位女性告訴已經長大成人的兒子自己離婚了，兒子回答：「是嗎⋯⋯妳一定覺得很寂寞吧？不要勉強自己喔！」她當下聽到這句話後忍不住嚎啕大哭，心情因此暢快多了。似乎是因為她過去逞強不在兒子面前示弱，讓她現在感到更為輕鬆。

人不會經常把自己的想法說出來。因此，請代替他們把藏在內心的心情說出來，尤其是在那些人遇到人生的重要轉折時。這麼一來，應該就能傳達到對方的內心深處。

真的好寂寞⋯⋯

我離婚了

你一定覺得很寂寞吧？
不要勉強自己喔！

以「所以結論是～」加上謝詞
來結束想要終止的話題

在商談或閒聊等場合，你是否遇過話題遲遲無法結束的情況呢？

這種情況很難找到適合的時機中斷話題，而且也不知道要怎麼做比較好。建議向對方說：「所以結論是○○，謝謝各位今天專程過來。」這麼說的話，不僅不會失禮，還能讓話題告一個段落。

即使這樣還是有人開口發表意見的情況

◯「還有很多事沒說完……啊！非常抱歉，我差不多得
　　告辭了，今天先到這裡。」

◯「有些人接下來還有事，所以先把時段切分出來吧！」

在跨業交流會等場合交換名片後，
對方不斷在說自己的事

〇「能和您說上話真是太好了，謝謝您。」

POINT ●加上收名片的動作也能有效結束談話。

事先準備好解決困擾的話術，不僅可以幫助身邊的人，還可以獲得高評價。

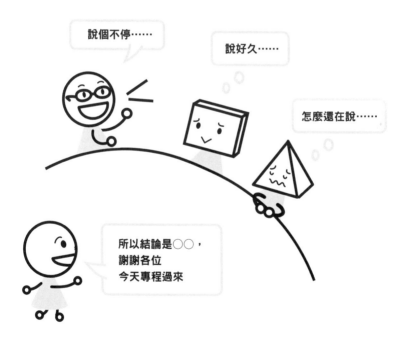

被攀談時露出的表情
會表現出那個人的真實面貌

在他人向自己搭話時,你會露出不開心或恍神的表情嗎?

事實上,被攀談時下意識露出的表情,會表現出那個人的真實面貌。

所以如果在他人叫自己名字時板著臉,會導致對方嚇一跳。

而且他人的真實表情和反應,會在對方的心中烙印下比想像中的還要深的印象。無論你平時表現得有多活潑開朗,只要真實的反應很嚇人,看到的人對你的印象就會變成「其實是恐怖的人」、「是個冷淡的人」。

以下是某個任職主管階級的人分享的事例。

我在吩咐下屬工作的時候,比較喜歡將工作交給聽到我叫他名字,會隨時停下手邊工作,面帶笑容回應的人。但如果是會露出覺得很麻煩的表情,或是一臉厭惡地說「啊?」的人,我就會覺得:「真的可以把重要的工作交給他嗎……?」

　按照他的説法,「工作從發出指令、開口呼喚的時後就已經開始了」。對從事服務業的人來説,也是相同的道理,在客人開口説「不好意思」,自己面帶微笑地回應「是」的時候,就得開始服務客人。

　為了避免板著臉,要先確認自己在嚴肅時是露出什麼樣的表情。而且請試著在他人叫你時,盡量嘴角上揚露出微笑。尤其是有很多客戶、下屬和後輩的人更要多加留意。
　只要給人的感覺良好,很快就會成為很好親近的人。

好、好可怕!!

傾聽時區分事實和主觀想法

　　他人跟自己匯報、商量工作，或是傾聽情緒化的人說話時，希望大家可以注意一件事。

　　那就是要在心中自問：「這些話是客觀事實還是主觀想法？」

　　54頁也有針對這點進行解說，但把客觀事實和主觀想法混在一起講的人意外地多。尤其是情緒化的時候，連自己都會在說話的過程中，逐漸不知道自己在說什麼。

　　「那個主管，只會把雜事丟給我。而且完全不會糾正後輩的失誤，卻總是對我很嚴格。一定是因為他討厭我，所以我才會老是遭到不公平的對待。」

　　「客人憤怒地抱怨了一堆。那個客人總是說一些不講理的話。」

　　應該看得出來以上的對話都混有主觀想法吧？主要是「總是」、「絕對」、「一定」這些關鍵字。此外也要注意「只有我」、「大家都說」這類的詞彙。

　　如果要區分客觀事實和主觀想法，首先要在聆聽的同時，針對「這些話是客觀事實還是主觀想法」進行整理。

　　整理的時候在紙上條列式筆記，也是不錯的方法。

不知道是客觀事實還是主觀想法時

○「那是實際發生的事？還是你的感覺？」
○「他真的那麼說嗎？」
○「總是是指每一次嗎？還是也有不是的時候？」

但是提問的時候，不要像審問一樣窮追不捨。只要用確認的口氣，穩重的表情聽對方說話，就能順利整理好許多內容。

面對女性的抱怨，
不用提出建議

　　女性表示「希望你聽我說話」時，大部分的情況都不是在尋求建議。只是單純想要得到「對啊～」、「那真的很辛苦呢！」這些情緒上的安慰而已。例如，只要在對方說話的那一個小時中一直附和，就會收到感謝：「啊～！舒服多了！謝謝你聽我講那麼多。」像這樣的情況屢見不鮮。

　　在男性和女性溝通分歧的情況中經常會出現以下狀況，男性聽到女性說「希望你聽我說話」時，會因為太過熱心，不由得想提出建議。這點就是導致分歧的最大原因。相較於建議，女性追求的是內心的共鳴，只要願意傾聽，她們就能獲得滿足。

❌ 為了解決問題，詢問細節：「那是什麼情況？可以講得更詳細嗎？」

❌ 提出建議：「這樣就可以解決了！」

❌ 平息對方的情緒：「算了啦！不要這麼生氣！」

❌ 開始暢言自己過去的英勇事蹟：「是我的話會這麼做……」

❌ 反過來換自己生氣：「我才辛苦！」

POINT ▶ ●最後會得到「你什麼都不懂！」的回應。

⭕「是嗎，真辛苦啊～」、「那真的很困擾耶！」像這樣一邊表示深有同感一邊聽對方講話。

　面對女性的抱怨和商量，只要單純在傾聽時表示同感即可。

・為了解決而提問
・給予建議
・用「算了啦」
　來平息情緒
・開始暢言自己過去的
　英勇事蹟
・反過來換自己生氣

・單純只要
・一邊表示同感
・一邊傾聽

不要忽略眼神交流

在企業培訓中，針對「你認為聽者的哪種態度，會讓你覺得和他說話很痛苦？」這個題目進行討論時，無論討論的對象是誰，名列前茅的答案都是「不看著我的眼睛」、「同時在做其他事情」。

而且有很多回顧自己的行為後表示「因為太忙一不小心就……」、「因為是感情很好的人不小心就……但我沒有惡意」、「我不喜歡別人這麼對我」。

只要好好看著對方的眼睛聽人講話，很快就能和對方打好關係。因此，在聽對方說話時，比起言語，態度更為重要。

光是留意自身的態度，對方的信賴感就會明顯提高。

⭕ 將身體轉向對方的方向，適當地進行眼神交流。

⭕ 在對方有話要說，叫你的名字時，停下手邊的動作，看著對方的眼睛表示「什麼？」、「怎麼了？」表現出準備聽他說話的樣子。

⭕ 就算在看資料，也要把身體朝向對方。

第 3 章

提 問

目標是
了解對方

沒有目的的提問
會讓對方感到困惑

有些人之所以在提問時，連自己都不知道到底想問什麼，是因為他們沒有認真聽人講話，也沒有用心在思考。

事實上，提問會表現出那個人的智慧和思考的深度。

這個人想得多深入？這個人現在的感受如何？接受提問的人愈是優秀愈能看透提問者的水平。

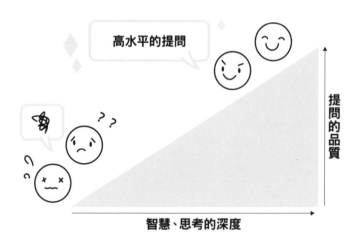

在準備提出問題時，請先思考對方是否能輕鬆回答。

首先要明確知道自己想問的是什麼。即使一時沒想法，也要盡量問一些對方可以輕易回答的問題，這樣他人就會對你刮目相看。

確認對方想傳達的主旨時

○「也就是說～非常重要對嗎？」

○「我的理解是～，是否有誤會的地方呢？」

表示非常有興趣，想要更深入了解時

✗「在聽○○說話的過程中，我發現和我想的不太一樣，我該怎麼辦比較好？」

（工作上）

○「我想了解更多相關的資訊，是否可以問你幾個問題呢？」

○「有～的成功範例嗎？」

（私底下）

○「我想多聽聽這個話題的後續，之後發生了什麼事情呢？」

對方回答不出來時，
以「例如……」來舉例說明

在對話的過程中，遇到對方答不太出來時，以容易理解的方式來詢問，會顯得比較友善。建議以「例如……」來舉例說明。

例如，當你提問：「貴公司近期最受關注的商品是什麼呢？」對方覺得難以回答時，可具體舉例：「例如最近新型腳踏車在各個通路上市，受到許多消費者的喜愛，貴公司接下來是否有預定要開發什麼樣的商品呢？」

由上述內容可知，如果提出的問題過於抽象，會導致對方不曉得你到底想問什麼，當然就沒辦法回答。不過只要舉出例子，問題就會變得容易回答。

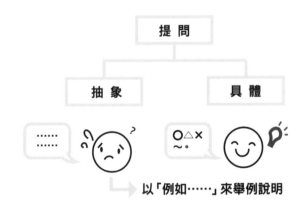

◎在這些場合「例如……」都能發揮效果

想知道對方的 HOW（怎麼做）、WHAT（要做什麼）、WHY（為什麼）的時候

想要問出對方的需求時

對方回答不出來時

想要詢問對方的未來規劃時

想詢問對方對異性的喜好，以介紹對象時

例

3 年後想要成為什麼樣的人？例如可以談談你想要實現的研究計畫、想要學習的技能，或是其他的想法

例

你喜歡什麼樣的類型？像是擅長料理之類的家務、喜歡有運動習慣的人等等，有什麼必要的條件嗎？

　　如上表所示，舉出具體的例子來說明，有助於談話更熱絡。

對方回答 NO 的時候，
反而是提問的機會

在商議或工作等場合，遇到對方說 NO 時，很多人當下就會表現出失落的樣子。但不要因此放棄，請務必聽取對方的意見，了解自己是哪裡不夠好。

如果不開口詢問，就不會知道對方的想法。所以經常會看到自認為得出結論：

「一定是因為我的提案方式太差勁了。」

「因為不受到對方信任。」

結果試著揭曉真相後，發現根本是自己誤會了。

因此，在對方說 NO 時，請照著以下範例嘗試提問。

○「方便的話，可以告訴我哪裡不夠好嗎？」

○「為了在今後提出更好的方案（為了在今後進行改善），
方便的話，是否可以告訴我不採用的原因呢？」

　相信問出口後，會得到各種不同的答案，而且對方還可能會老實說出真正的想法和情況。

　「我還在猶豫的時候，有一家企業向我提出價格更為低廉的方案，所以我最後決定和那家企業合作。」

　「老實說，貴公司的○○經常出錯，讓人很困擾。這話只在私底下講，我希望可以更換負責人。」

　「我是覺得OK，但主管希望採用他認識的企業，我沒辦法拒絕他的意見。」

　藉由提問，就能清楚了解必須改進的地方、下次該怎麼做，以及對方真正的想法。

　不過，為了順利從對方口中獲得答案，不要忘記跟對方保持良好的關係，他們才會覺得「和這個人說也沒關係」。

　即使對方說NO，也不要因為感到害怕、恐懼或失望，讓這件事就這樣結束。

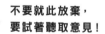

覺得「和自己想的不一樣！」時，反而要試著提問

　　當對方的意見和自己完全不同時，你會怎麼應對呢？因為那個人能幫助你大幅擴大視野，如果認為「和這個人談不來」就對他敬而遠之，或許會有點可惜呢。

和自己認為理所當然的想法不同時的提問

⭕「那是什麼意思呢？」

⭕「為什麼你會那麼想呢？」

⭕「我想知道你為什麼會那麼覺得（那麼想）！」

POINT ● 不要用盤問的口氣。
● 用「想知道、想了解」的心情來提問。

　　舉例來說，

「女性結婚後，應該辭掉工作當家庭主婦。」

「我覺得就職的時候，即使不是正式員工（不用特別執著）也沒關係。」

「我不知道在上班時間之前提早到公司的意義是什麼。」

　　如上所述，當你發現對方在意的事情和自己的價值觀大相逕庭、自己重視的價值觀被否定，或是對方的言論和社會普遍想法不同時，請務必提出疑問。

聽到對方想法時的反應

O「謝謝，我了解你會這麼想的原因了。」

O「原來還有那樣的見解！讓我從不同觀點來看待這件事。」

O「原來有各種不同的想法呢！」

O「我和○○的想法不同，我的想法是～，因為……」

`POINT`　　●不要否定對方的意見。

　　　　　●對方如果是比較好說話的人，表達自己的意見也OK。

　　溝通中最重要的是，知道對方和自己的差異，並且願意去彌補這些落差的過程。例如，當有人的意見是「不用太執著於成為正式員工」時，只要試著好好去聽取對方意見，就會發現這樣的心態並不是覺得有工作就好，而是因為考慮到未來的社會形態，認為與其執著於就業型態，把自己放在可以學習技能的地方，讓自己就算做為自由工作者也可以生存還比較理想。

在談話後得知之前所不了解的價值觀時，也會更加理解對方的想法，有助於在短時間縮短彼此的距離。

比起像文章開頭說的，認為「和這個人談不來」就對他敬而遠之，在知道「差異」時，試著向對方提問會比較好。

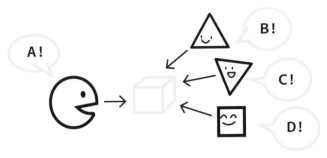

「和自己認為理所當然的想法不同！」

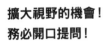

擴大視野的機會！
務必開口提問！

發覺都是自己在說話時，拋出 「○○覺得呢？」交棒給對方

你是否有過在對談的過程中，發現不知不覺都是自己在說話的經驗呢？遇到這種情況時，請將話題收尾，並拋出「○○覺得如何？」交棒給對方發言。

如果是在傾訴煩惱，

可向對方提問「○○有和我相同的煩惱嗎？」將話題拋出去。

若是在聊休假都在做什麼的話題，

則可以試著詢問

「你假日都是怎麼過的呢？」

⭕「抱歉，都是我在說，對於這件事○○覺得如何？」

⭕「謝謝你聽我說那麼多。因為○○聽眾當得太稱職，
　　我不小心就說過頭了。」

POINT　●坦率表示也OK。

可以的話，希望雙方說話的分量控制在5：5左右。

「你應該不會～吧？」質疑的口氣會讓對方不愉快

❌「你該不會打算延後交期吧？」

❌「之後應該不會說要漲價吧？」

❌「你會好好做吧？」

❌「你之後應該不會說還是做不來之類的話吧？」

· 提醒

· 質疑的詢問 ➡ 不愉快

　質疑的詢問會讓對方感到不愉快。

　有時可能會因為對方有類似的前科，怕他會再次做出一樣的事，不小心用了這樣的說話方式來提醒對方。

　但沒有人喜歡不被信任的感覺。因此，想要提醒對方時，請不要用「你應該不會○○吧？」這樣的說話方式，而是用「麻煩～」來表示。

「你應該不會
○○吧?」

「麻煩~」

想在不造成對方不愉快的前提下提醒對方時

○「因為希望遵守交期,麻煩請在繳交期限前完成。」

○「金額的部分,麻煩確定這是最終價格,不會再變
動。」

POINT ●以表示「這件事很重要」的說話方式來傳達。

對方和自己商量嚴肅的話題時，
要先應對再傾聽

對方找你商量嚴肅的話題時，你會怎麼應對呢？即使是十萬火急的話題，也要先緩慢地深呼吸。

接著再開口詢問：

〇「發生什麼事了？」

〇「怎麼了？可以跟我說嗎？」

「我想要辭職。」

「我先生和小我20歲以上的人搞外遇，我要離婚！」

當對方說了以上的話時，可以這樣應對：

〇「這樣啊。」

〇「怎麼了？發生了什麼事？」

〇「那真的很糟糕耶！」

〇「怎麼會這樣！太令人震驚了……」

如果有時間的話，你也可以傾聽對方說話，直到他心情平復為止。

當朋友找自己商量
「現在工作可能不適合我」時

〇「覺得可能不適合啊……為什麼會這麼認為呢？可以跟我說嗎？」

△ 鼓勵對方「沒那回事啦！」

✕「沒有人一開始就能找到適合自己的工作。」

POINT
- 不要說教。
- 在對方沮喪的時候，說教只會徒增傷害。

　建議聽對方講話的同時要提出自己的意見，但那終究是他人的人生。所以在說話時，要試著引導對方自己得出結論。

嚴肅…

在商量嚴肅的話題時，
首先要慢慢地深呼吸。

・「發生了什麼事？」
・「怎麼了？可以跟我說嗎？」

面對話少的人，
提出的問題要能二選一

　　你身邊是否也有話少、不會主動開啟話題的人呢？尤其是在初次見面的場合，有時會很難找到聊天的話題。

　　遇到這種情況時，為了讓對方比較好回答，首先，建議問一些可以用「YES」、「NO」回答的問題。

想問些讓對方可以輕鬆回答的問題時

○「現在這段期間，你的工作會很忙嗎？」

○「那條領帶（指甲油）很好看耶！你喜歡紅色（粉紅色）嗎？」

○「你經常來這附近嗎？」

POINT ●抓住開啟談話的契機。

　　如果可以利用以「YES」、「NO」回答的問題進行談話，對方也會比較願意開口說話，就麼一來就能繼續拓展話題。

想要拓展話題時

O「您目前是在做什麼樣的工作呢？」

O「從什麼開始的呢？」

O「這附近有什麼推薦的店嗎？」

POINT ● 最好使用5W1H的提問。

進行最後確認或是想讓對方做出決定時

O「～這樣可以嗎？」

O「以這樣的步驟來進行可以嗎？」

對方說話含糊不清時

O「您說希望在這兩天完成，那可以定在本週五下午5
點前繳交嗎？」

POINT ● 最好由我方提出並確認詳細規範。

提問切中核心，
讓對方覺得自己不好糊弄

　　當對方含糊迴避話題或是完全不說自己的內心話時，有一種提問方式可以有效解決這種情況。那就是一針見血地揭穿對方的真實想法：「其實你覺得○○吧？」

　　例如，將稍微有點難度的工作交給下屬時，如果對方一副沒什麼幹勁的樣子，可以試著直接戳破他的想法：

○「其實你覺得很麻煩吧？」

接著再繼續往下說：

○「可以跟我說說你的想法和你想怎麼做嗎？因為我覺得如果要一起共事，互相溝通很重要。」

試著像這樣展開話題。

　　另外，也可以直接對正在討論重要的事情，卻心不在焉、坐立不安的人說：「你是想要快點結束嗎？」

　　這句話具有讓對方覺得「完全被這個人看透」、「沒辦法糊弄這個人」的效果。而且對下述狀態的人尤其有效。

- 不把想法講出來的人。
- 不說真心話的人。
- 明明帶著負面情緒，對外卻不會表現出不滿的人。
- 覺得自己的真心話無法傳達給對方的人。

一針見血！

你是想要快點結束嗎？

沒辦法糊弄這個人

含糊迴避
話題的人

一針見血地揭穿!!

其實你覺得○○吧？

不說內心話的人

113

面對受過去束縛的人，
要提出使其看向未來的問題

你是否對那種總想著「以前曾經發生過那種事……」無論過多久，都還對過去耿耿於懷的人感到棘手呢？

受到過去束縛的人，會後悔地認為

「那個時候，如果那麼做的話……」

而且習慣把自己的不順利，歸咎在他人或其他事物上。遇到這種人時，可以問他今後想做什麼，藉此將他的視角從過去拉向未來。

不能對一再發表負面言論的人說的話

❌「你要積極一點啊！」

❌「為什麼會做出那種事呢？」

> **POINT** ● 這些言論會導致對方聽不進他人說的話，造成反效果。
> ● 追問「為什麼」只會讓對方更痛苦。

遇到這種情況時，請在對話的過程中插入以下的內容。

有效改善反覆說出負面言論的提問

〇「所以你真正想做的是什麼？」
〇「理想的狀態是怎麼樣的狀態？」

POINT
● 讓對方看向未來。
● 使對方的觀點朝向樂觀。

當被問及關於未來的問題時，即便很勉強，但一般人還是會因此看向未來。至於詢問「為什麼」（WHY）只能尋找原因，無法獲得答案。

不過，如果是「怎麼辦？」、「怎麼做？」（HOW）這類的問題，就能得到未來的解決對策。

因此，面對受到過去束縛或消極負面的人，請務必試著提出讓他看向未來的問題。

反問只會抱怨的人
「那你會做什麼？」

「因為那個人都不幫忙，事情才會都沒有進展。」
「部長都沒給我正面的評價，所以我沒什麼幹勁。」
「沒有參考範本，我不知道朝哪個方向努力。」
　　如上述的例子，若是贊同總是在抱怨別人不願意為自己做什麼的人，會讓對方愈來愈不滿。因此，這時候請回擊：「那你會做什麼？」

　　「○○（你）想怎麼做？」這麼回應是為了讓對方發覺，自己總是把事情怪罪在他人身上，從來不會責備自己。
　　將主詞換成「你」，會直接讓本人成為說話的主要對象。

　　抱怨無法解決問題，只會讓不滿和壓力愈來愈大。真正要做的是，讓對方察覺自己只是在用責備他人的方式來自我防衛，而不是想尋求改變。

對方總是在抱怨時

❌「對啊～好辛苦喔～」

❌「我懂我懂！」

⭕「那你（○○）會做什麼？」

⭕「你（○○）想要怎麼做？」

⭕「你（○○）有試著想過自己能做些什麼嗎？」

POINT ●以「你」為主詞，對方才會當作是自己的事。

責
備
自
己

・「你想要怎麼做？」

・「你有試著想過自己能做些什麼嗎？」

責
備
他
人

・「因為那個人都不幫忙，
事情才都會沒有進展。」

・「部長都沒給我正面的評價，
所以我沒什麼幹勁。」

→無法解決問題、自我防衛

電話中對方說了兩次名字，
還是沒聽清楚時該怎麼辦？

　　講電話時，可能會因為對方的聲音模糊或語速太快，導致沒聽清楚內容。請對方重說一次的話還可以，但如果要詢問第二次，就會覺得難以啟齒。

　　而且電話中看不到對方的表情，會擔心對方不高興地想「是要我講幾次」，或是對自己感到厭煩，因而更加說不出口。

　　但是，如果不知道對方是誰，那轉達的人就沒辦法順利進行接下來的談話，而且這件事還可能成為將對方認錯成其他人的隱患。

　　只要知道利弊，自然就會覺得應該要在當下問清楚對方的身分會比較好。

○「非常抱歉，我沒聽清楚，避免我轉達錯誤，麻煩您再說一次。」

○「要求您再三重覆非常抱歉，因為想知道您的正確名字，可以請您再說一次嗎？真的很不好意思。」

POINT ● 針對沒有一次就聽清楚這件事，慎重地道歉。
● 要向對方傳達歉意。

有聽到，但不太確定時

O「不好意思，是○○先生／小姐對嗎？」

四周過於吵雜導致沒聽清楚時

O「要求您再三重覆非常抱歉，因為四周比較吵雜，沒有聽到您的名字。可以請您再說一次嗎？」

當對方再次報上名字時，要以「非常感謝」來表示謝意。

不好意思，
是○○先生／小姐
對嗎？

列舉例子，帶出「這麼說來……」

有能力的人想要從對方口中帶出話題時，會特地舉出常見的例子，讓對方想起實際發生的事情。尤其在工作中，要從對方口中問出他們的需求，希望對方詳細考慮的情況時，只要能做到這點，就能有效達到目的。

舉例來說，想要向客戶的人事部提出培訓計畫時，

O「**下屬有什麼地方讓您感到困擾嗎？例如，不管警告幾次，還是會犯相同的錯誤，或是只有下達指令的時候才會動作之類的……**」

像這樣提出實際的例子，更容易從對方口中帶出「這麼說來……」。

「這麼說來，業務部和總務部都有跟我提過一樣的煩惱。尤其是這兩個部門採用的應屆畢業生相當多，30幾歲的主管都很辛苦……」

當你聽取對方的意見，對方用自己的話講述發現到的事情時，回答的那方也會有所自覺並提出建議。

STEP 1　傳達主題

「溝通（指導下屬）上有遇到什麼難題嗎？」

STEP 2　「例如……」舉出例子

「對於『如何訓斥下屬，又不至於被當成職權騷擾？』、『要怎麼應對年紀、價值觀和自己不同的下屬？』等等，您有什麼具體的想法嗎？」

STEP 3　從對方口中帶出話題並提案

「我提出的培訓計畫，能找出解決這些問題的突破口。」

不好開口詢問的事情，
可加上「方便的話……」

　　遇到難以開口拜託，或是涉及個人敏感話題等不便詢問的事情時，可以用「不介意的話……」當作開場白。由於這句話含有「方便的話……」的意思，說話時注意要用一種不想做的話，拒絕也沒關係的語氣。不要用會讓人感覺受到壓迫的說話方式。

❌「大概的預算是多少？」

❌「請老實告訴我，負面因素是什麼？」

⭕「不介意的話，是否可以告訴我大概的預算是多少呢？」

⭕「不介意的話，是否可以告訴我哪些是負面的因素呢？」

POINT ▶ ● 這種問法對方會比較願意回答。
　　　　 ● 對方會判斷要回答到什麼程度。

第 4 章

開口、
回應

目標是在
不惹人討厭的情況下
表明自己的意圖

面對他人貶低自己，彰顯優越感的行為，不要應戰

「工作好多好困擾，好羨慕○○看起來那麼閒。」

「我啊，在貿易公司工作，經手的錢以億為單位，真的很驚人。好羨慕沒有壓力的人喔！」

如同上述的例子，有些人想彰顯自己的地位比較高時，會用一種看不起對方的說話方式來表示。

這樣的人其實本質很自卑、沒有自信。因此，對於對方把自己踩在腳底下，以彰顯優越感的行為感到很煩躁時，最好的辦法是不要跟對方一般見識。

而且，貶低他人的目的，是為了在當下表現出自己的地位更高，只要達到這個目的，本人就會因此滿足。由此可知，對方說的話不會有什麼太大的意義，所以無論在什麼場合都不用太在意，爽快回應即可。

對方在工作上貶低自己，彰顯優越感時

○「○○的工作方式有很多地方值得學習。」

對方貶低自己的私生活時

○「真是讓人憧憬的生活方式。」
○「那真的很棒呢！」

無論如何都不想給對方面子時

○「喔，是喔。」
○「是喔。話說～」

POINT　●面無表情地說話。
　　　　●開啟別的話題也OK。

❌ 大發脾氣

POINT　●會正中對方下懷。
　　　　●維持撲克臉比較好（因為有些人貶低他人的目的是為了使人
　　　　　不愉快）。

以變化球果斷回應嫉妒心

　　嫉妒是一種會不小心對親近的人產生的情感。相反地，嫉妒心並不會反應在和自己相距甚遠的人身上。

　　貶低別人是為了彰顯自己的優越感，但嫉妒的目的是，將自己想要卻得不到的羨慕，反應在對方的身上。

　　「真好，○○最近看起來好像很忙。」

　　「大家都喜歡○○，好好喔！」

　　當他人嫉妒自己時，最好的辦法是不要正面應戰。對待那些話不用太認真，只要若無其事地回覆，並暗示自己也有辛苦的時候就好。

　　例如，當聽到對方說

　　「真好，看起來好像很忙。」的時候，

　　毫不在意地回一句

　　「我也是很辛苦的。」

　　受到他人嫉妒時，根據自己的回覆方式，對方的情感會有所改變。因此，原則上絕對不要卯起來和對方分出勝負。

❌「工作太順利了,導致我時間都不夠用呢～!」……炫耀

❌「你也投注更多心力在工作上不就好了。」……建議

❌「我沒那麼厲害啦～!現在這個程度沒什麼了不起的。」……率直地表示謙虛

⭕「也沒有一直都那麼順利。」

⭕「從○○的社群網站上就能看出,你也是每天都過得很充實呀!」

POINT	●刻意連負面原因都一起表示。
	●說出對方的優點。

同事嫉妒自己時

對方嫉妒地表示「因為○○很漂亮,所以工作才能這麼順利,好好喔～」

⭕「謝謝你誇我漂亮。」

⭕「是嗎?在我看來,□□也有很多讓人覺得『好好喔』的地方呢!」

坦率回應
女性扭曲的嫉妒心

如果嫉妒只是把羨慕掛在嘴邊，那尚能忍受，但也有人的嫉妒心是羨慕對方羨慕到產生扭曲，導致成為視對方為敵人的恐怖類型。遇到這種人時，建議坦率地回應，並終止話題。

假設有位兼顧工作和育兒的女性，平常都會使用到府清潔服務，得知這件事的單身女性對她說：「咦？！妳不是家庭主婦嗎？竟然不用做家事？！」以下介紹遇到這種情況時的回應方法。

❌「我也是很努力的好嗎！」
❌「那○○也來試試看啊！」

POINT ● 必須留意，反擊式的說法會留下心理疙瘩。

⭕「對呀！自己安排時間好難喔！所以只好請到府清潔來處理。」

POINT ● 坦率回應最適宜。

128

○「我是散漫的 B 型，很不擅長打掃，每次都漏掉邊邊
　角角。」

POINT　　●也可以用開玩笑的方式來應對。

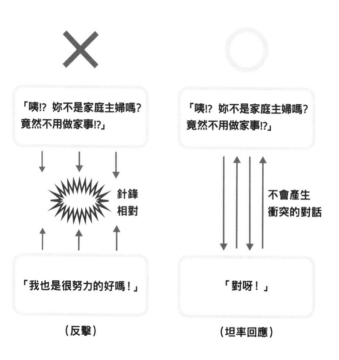

✕	○
「咦!? 妳不是家庭主婦嗎？竟然不用做家事!?」	「咦!? 妳不是家庭主婦嗎？竟然不用做家事!?」
針鋒相對	不會產生衝突的對話
「我也是很努力的好嗎！」	「對呀！」
（反擊）	（坦率回應）

面對男性沉重的嫉妒心，回應時要抬舉對方

面對男性的嫉妒心，必須特別留意。

男性比女性還要在意面子、名譽和社會地位。因此，男性對於威脅自身地位和立足地的人會保持警戒、加以阻撓，甚至會在社會上抹殺對方。

對於「總覺得不太喜歡他」的嫉妒心，如果是女性的話，只要無視她一段時間，對方也就沒什麼心情展開攻勢了，但男性並不會因此停止。男性自始至終都會排斥威脅自身社會地位的人，有些人還可能會覺得「必須要擊潰優秀的下屬」。

這樣的情況已經由來已久，我想這應該是男性總是被迫以性命相博所產生的習慣。

受到男性嫉妒時

◯「我都以○○為榜樣。」

○「我經常瞻仰○○的工作，覺得獲益良多。」

尤其是對於多方幫助自己的男性，要盡量把心裡的尊敬說出口會比較好。

和第三者說話時也要表示：「總是受到○○的照顧，沒有○○就沒有現在的我。」當這些話間接傳到本人耳裡時，關係就不會惡化。

總之要記住，面對男性時要顧及對方的面子。

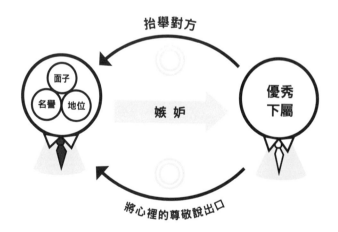

不要將詢問的「為什麼？」問成質疑的「為什麼！？」

　　一般人對什麼事情有疑慮時，通常都會開口提問「為什麼？」。但詢問「為什麼」時，必須要留意問話的語氣。

　　因為經常出現聽者認為自己受到責備的情況，只要連續被問3次「為什麼事情會變成這樣？」對方的腦袋就會陷入無法運轉的狀態。

想要詢問原因時

✕「為何沒有按時完成？」

◯「可以跟我說為什麼你連續好幾次都沒有按時完成嗎？」

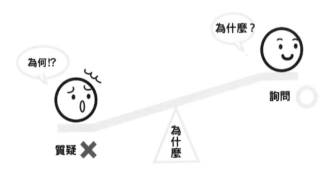

想要表達自己的要求時

✘「為何沒照我的話做？」

⭕「希望今後可以在約好的期限內完成。是否方便在截
止日的 3 天前先跟我報告進度狀況呢？萬一真的來
不及完成，請務必事先告知。」

想要尋找解決對策時

✘「為何一直犯相同的錯誤？」

⭕「我們一起來集思廣益，看要怎麼做才不會一直犯相
同的錯誤吧！」

覺得沒有得到合理的評價時

✘「為什麼給我的評價是這樣？你根本沒有好好觀察下
屬的表現吧？作為主管真失職。」

⭕「關於考核一事，是否可以告訴我，為什麼給我這樣
的評價呢？」

冷靜回應對方的眼淚

　　流淚是一種表示「不要再繼續責備我」的自我防衛情緒。

　　在他人受到指責，留下眼淚時，不能驚慌失措地安慰他們或是釋出同情心。因為這會讓受到指責的人覺得，只要哭泣就能得到原諒，之後仍然會犯相同的錯誤。

　　不過，生氣地說「不要哭！」也只會讓對方哭得更厲害而已。最重要的是，要讓對方知道「流淚無法改變任何事情」。因此，建議無論何時都要冷靜地應對，開口說的話也要果斷不留情面。這麼一來，就能減少對方流淚的次數。

對方哭泣時

❌　情緒性地怒吼：「幹嘛哭啊你！」

❌「我不是在罵你……拜託你別哭了。」

❌　生氣地說：「別哭了！」

❌「你、你你你、你沒事吧……？」（驚慌失措）

⭕「我等你哭完，哭完後跟我說。」

⭕「哭哭啼啼的，話都沒辦法談了，下次再找機會說吧。」

⭕「哭泣無法解決任何事。」

⭕「因為這件事很重要，希望你不要哭好好聽我說。」

・不要被眼淚擺布
・冷靜地說話

✕

・驚慌失措

・生氣

拋下勝負欲，
避免相互謾罵

在被對方惹怒時，
若是大發脾氣說了過分的話，例如：
「這個提案是認真的嗎？明明之前在○○的時候就失敗過了！」
可能會導致關係惡化到無法彌補的地步。

遇到這種情況時，請捨棄打算戰勝對方的想法，並開口向對方傳達「我想說的是這個」。
說話的訣竅是，不要附和對方的情緒，冷靜地表達。
並且要針對對方指出的錯誤進行回覆。
請記住，只要不回應對方的挑釁，就能提升自己在旁人眼裡的形象。

對方說出令人生氣的發言時

○「這次的提案不管是從預算方面,還是實際日程來考
　量都是能夠達成的。這是我以過去的經驗為教訓,
　經過調查後所想出的企劃。請務必再考慮看看。」

上述的話無法消弭對方怒氣時

對象是同事或地位相同的人

○「比起過去的事情,我們是否可以討論今後的重點
　呢?」

對象是地位在自己之上的人

○「這是記取上次的教訓所提出的企劃,這次請務必繼
　續讓我來執行!」

提醒對方反而被怒斥時

○「如果有什麼原因或意見的話,我會聽你說,但希望
　你可以先冷靜下來。」

POINT ●不要大發脾氣地反駁!

137

> 明明已經提醒過了，對方還在找藉口

○「我想你還有想說的話和理由，我會聽你說，但在這之前，我希望你先把這次提醒你的內容記下來。」

> 提醒對方後，對方回答「我又沒學過」時

✕「通常（一般來說）這麼做是常識。」
○「是嗎，那你現在學到了。希望你今後可以按照團隊的方式來進行。」

　如果遭到否定，對方可能會發脾氣或反抗，因此，姑且先接受對方說的話，再傳達自己的要求。

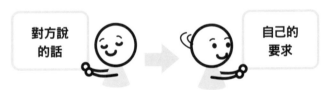

姑且先接受

突然遭到斥責時，
只要說完這一句話就馬上離開

「到底是怎麼一回事！你到底在做什麼！」像這樣突然遭到怒斥時，你會怎麼做呢？

首先，絕對不能做的事是，立刻否定對方的話：「你誤會了！」或是開始找藉口「但是……」、「那是因為……」，因為這些言行會導致對方更加生氣。

此外，站在那裡一言不發也會讓對方感到煩躁，所以我也不推薦以這樣的方式來應對。

我在20多歲的時候，也曾遇過菸灰缸砸過來，以及被破口大罵的恐怖經歷。受到大聲斥責時，最好冷靜地想著：「下次再說吧……」但我聽聞有很多女性在受到男性主管大聲斥責時，會嚇到不知所措。

因此，我在這裡要告訴大家，遇到這種情況時的應對法。這個方法只需要做好一件事：

就算覺得被怒罵很可怕，

也要向對方表示：「非常抱歉，我以後會注意。」

並馬上離開現場。

對方突然大聲怒罵時

❌ 低聲啜泣……讓對方的火氣愈來愈大。

❌ 用「你誤會了！」否定對方……對方會以為你在反抗，提高怒斥的音量。

❌ 「但是……」、「那是因為……」試圖找藉口……會導致對方更加憤怒，怒斥：「有什麼好但是！」

❌ 一言不發……對方會反覆怒吼：「你有沒有在聽啊！」

⭕ （當場馬上）「非常抱歉，我以後會注意。」

⭕ （離開現場）「那我先回去了。」

⭕ （1～3天後）「關於前幾天○○那件事我有事想和您說。當時我必須馬上和客戶協調，對方在聽了事情的經過後願意妥協。今後發生一樣的狀況時，我會往上呈報，但為了避免誤會，我會先告知您。」

POINT ●也可以在氣氛比較平靜時，再告訴對方之前沒說的事。

⭕ 過一段時間後再提起此事：「○○，可以和你談談剛剛的事情嗎？你怎麼了？突然氣成那樣，害我嚇了一跳。」

POINT
- 避免相互謾罵。
- 當場如果真的想說些什麼，請先深呼吸，等到怒氣消退後再開口。

就算一直待在現場，也沒辦法平息對方的怒氣，所以盡可能早點離開會比較好。如果是無法離開的場合，那就在腦中想點別的事情，分散注意力，待最後要離開前再向對方表示「非常抱歉」。

大部分的人都不喜歡被大聲怒斥，但無法避免，社會上總是會有那種人，所以大家必須習慣他們的存在。若遇到經常大聲斥責他人的主管，不要一個人獨自承受，試著和同事相互分享應對的方法，或許就能緩和內心的恐懼。

此外，當平常溫和冷靜的人大發脾氣時，不妨自我反省一下，看能不能找到對方生氣的原因。

非常抱歉，
我以後會注意

突然遭到斥責時，只要說完這一句話就馬上離開

說出自己的想法，
不指出對方的錯誤

　　遇到對方犯錯或誤會的情況時，請不要直接指出對方的錯誤。因為這樣不僅會傷害對方的自尊，而且他人常常會因此不高興地覺得「這個人害我出糗」。

　　只要重新傳達出正確的訊息即可。

　　假設事情發生的對象是客戶，沒有確實傳達訊息，招致誤會的自己其實也有問題，所以最好向對方表示：「非常抱歉，我說明得不夠清楚。」

對方犯錯時

❌「你那裡做錯了。」

❌「是○○誤會了。」

⭕「這次專案的進行方式，不是只有森田和竹內知道就好，請讓全體組員都知道。」

⭕「非常抱歉，有件事想和您確認。～不是我的問題，是否可以麻煩您再確認一次呢？」

POINT ● 針對錯誤的地方重新傳達正確的訊息。

主管的指示和以前不同時

✗「這和您以前說的不一樣吧？」

○「不好意思，我想確認一下，您之前給的指示是～，
那這次是按照現在的指示來進行嗎？」

直接指出

✗

對方誤會、
犯錯

○

重新傳達
正確的訊息

・讓人覺得丟臉

・傷害自尊

・對象是客戶時，
要表示：「非常抱歉，
我說明得不夠清楚。」

面對不想回答的問題，
以反問來回應

　　當對方問一些像是「你的年收入是多少？」、「為什麼要離婚？」等讓人不想回答的問題時，建議如下述般，以反問的方式來回答。

對方問了讓人不想回答的問題時

〇「換工作啊……那〇〇呢？」

〇「你說年收喔，〇〇很在意我的收入嗎？那〇〇的是多少？」

〇「生孩子啊……那〇〇要生嗎？」

〇「你說為什麼離婚喔，是為什麼呢～？」

POINT ●全部都以反問來回應。

如果對方一臉得意洋洋地回答了，建議直接爽快回覆。

〇「和〇〇差不多。」

〇「沒有〇〇那麼多啦！」

對方問起不想回憶的往事時

○「不要拘泥於過去。」
○「我只考慮今後的事情。」

POINT ●接著馬上用「話說～」來轉移話題。

像這樣以反問來回應，對方就不會繼續追問。

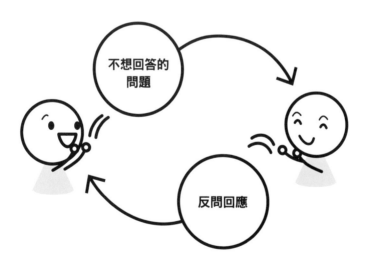

他人自嘲時，
要爽快地否定

「我是個滿臉皺紋、濃妝豔抹的50歲老太太啊～」

「讓禿頭感到艱辛的冬天要來了。」

你是否會因為不知道要怎麼回應這些自嘲的笑話，愣在一旁說不出話呢？

遇到這類情況時，避免讓氣氛變得尷尬，請不要沉默不語。但如果認真回應「……怎、怎麼會……」也會讓對方感到不舒服。到底該怎麼辦比較好呢？

首先必須記住的是，要爽快地否定。

自嘲行為的內心想法因人而異，有人是抱著「想受到關注」的心情，也有人是想要他人否定自己「才沒那回事呢」，還有人是懷著要炒熱氣氛的服務精神說出這些話……。無論是哪種類型的人，只要採取爽快否定的態度來應對，不僅不會傷害到任何人，同時還能維持氣氛熱絡，讓對話可以順利地進行下去。

自嘲會讓旁人不知道該如何反應，建議連自己都不要說會比較好。

對方自嘲時

✕「……怎、怎麼會……」

✕「……那真的很辛苦呢……」

POINT ●不要認真回應。

〇「咦～！你在說什麼啊（笑）！才沒那回事呢！」

〇「又再說那種話了！」

頭髮稀疏的長輩自我嘲笑時

〇「才沒那回事呢～」（有些人希望對方這麼回應）

〇「○○可是很耀眼的存在耶！」（要開玩笑的話）

〇「看起來就像布魯斯・威利，超帥的啊！」

POINT ●爽快地否定可以緩和現場的氣氛。

●對方如果是開得起玩笑的人，也可以幽默地回應。

●反過來誇獎對方，還可以提升對方的自我肯定感。

受到表揚時要尊重對方，
不過度謙虛

　　很多人在受到表揚時，習慣表現出謙虛的樣子。

　　如果只是單純回應：「不不不，我沒有那麼優秀啦！」、「只是運氣好而已」還沒關係，但若是不近人情地回答：「沒那回事。」稱讚的人也會感到很不舒服。明明對方特地表達讚揚之意，結果自己的回覆卻讓人有種被拒絕的感覺，這樣會顯得自己很沒禮貌，而且對方還可能會想說：「是不是不該誇獎他……」

　　因此，在受到表揚時，希望大家做好坦然接受的心理準備。善於接受表揚就代表擅長待人處事。愉快地接受讚美，也是對他人的一種禮貌。

讚美的
言詞

謝謝！

受到對方的讚美時

✗「沒有啦……沒那回事,您客氣了。」

✗「和○○的能力相比……我還差得遠……」

✗「這不過是我達成目標的一個過程而已……」

POINT ●不要過於謙虛。
　　　　●不要用過於低聲下氣或過於傲慢的說話方式。

○「謝謝!聽到您這麼說我很開心!」

○「○○對我這麼說,讓我非常感動。」

○「沒有人對我這麼說過,聽了有點害羞,但很謝謝
　　您!」

想連同身邊的人一起接受表揚時

○「非常感謝,這都是多虧了大家。」

試著不經意地拋出話題給群體中不太表達意見的人

　　能不經意地拋出話題的人，是手握當下話語權的人。

　　一群人在談話時，如果可以掌握整體局面，跟在場的每個人展開話題，就會被認為是個既聰明又會照顧人的人。必須注意的是，要用對方輕易就可以回答的問題來拋出話題。

　　某個著名的報社舉辦的座談會上，有位總是負責協調現場的女主持人。以下是她在和數個來賓、時事評論員對談時的臨場反應：「有人提問要如何處理憤怒的情緒，關於這個問題，我想詢問專業是憤怒管理的安藤，您的建議是？」

　　從上述的內容中可得知，這位主持人在當下就能馬上決定該向誰拋出問題，而且談話對象都可以自如回應她的提問，因此，據說有許多人爭相邀請她前往主持重要的場合。

　　只要擁有環視全局、主持並拋出話題的能力，無論在哪裡都是不可或缺的人才。

想要讓在會議中
完全不表達意見的人發言時

❌ 不顧其他人，獨自講個不停。

❌ 只熱衷於有興趣的話題。

❌ 「○○你從剛剛就一直沒說話，你有想要說些什麼嗎？」

❌ （完全沒有將話題拋給其他人）「我相信大家也都是這麼想的。」

⭕ 「我想要詢問會議上所有人的意見。○○你覺得如何？無論直覺的想法、具體的辦法，什麼都可以，我想聽聽看你的意見。」

⭕ 「針對□□這件事○○有什麼想法嗎？」……詢問時試著縮小話題範圍。

⭕ 「請務必讓我聽聽○○的意見，您有什麼想法嗎？」

⭕ 「說到○○這件事，△△不是很了解嗎？△△是怎麼想的？」

以「謝意＋婉拒」來拒絕邀請
或介紹不喜歡的異性

　　和不感興趣的主管一起去喝酒，或是他人準備要介紹不符合喜好的異性時，不可以直接就回絕：「我沒興趣。」

　　遇到這種情況時，首先要說的台詞是「謝謝你的邀請」，以表示感謝之意。接著再告知理由：「非常抱歉，因為○○，我沒辦法參加。」先以答謝作為緩和，就不會使對方感到不愉快，而且還能巧妙地拒絕邀請，避免留下不好的印象。

　　若要拒絕長輩或主管的邀約，要認真回應不能讓對方沒面子；地位相近的人提出不好拒絕的邀請時，利用幽默感來拒絕，可避免把場面弄得很尷尬。

感謝　＋　理由　＝　巧妙地拒絕

主管或長輩叫上自己的時候

❌「我沒有那種興趣。」

❌「我很忙……」

POINT　●對方未來不會再發出邀請。

⭕「那天已經有約了，沒辦法參加很抱歉。」

⭕「其實我晚上不太能外出。」

⭕「我得去學習……」

⭕「我的孩子還小。」

⭕「雙親的身體不太好。」

⭕「我現在的狀態不適合和人交往。」

⭕「如果有像喬治・克隆尼的人，請務必介紹給我！」

POINT　●一開始要先表示「謝謝你的邀請」。
　　　　●以風趣的說話方式來拒絕，打消對方想介紹對象的想法。

想要婉拒有利害關係的對象的告白時

O「我不在私底下和在工作上有來往的人交往,因為其他人可能會認為我把女性當作工作上的武器,以及牽涉到工作上的信賴關係。希望你可以理解。」

在KTV被強行要求唱歌,覺得很困擾時

▲ 在KTV被強行要求唱歌,覺得很困擾時

POINT ●執意拒絕的話,會導致現場氣氛變差,所以要溫和爽朗地婉拒。

O「今天我想聽○○唱歌!對了!請唱18號的〈任性的辛巴達〉~」

想要拒絕前輩或主管的喝酒邀約時

O「謝謝您的邀請。抱歉,我的身體不太舒服……(或是
家裡有事、已經有約了)所以這次沒辦法一同前往。下
次請務必再邀請我!」

POINT
●先感謝對方的邀約。
●告知拒絕的理由,並表示希望對方下次再邀請自己。

感謝對方的邀約

拒絕的理由+「希望下次再邀請我」

不要讓對方沒面子

不要讓對方感到尷尬

沒有根據的「放心」
會讓對方感到煩躁

「之前拜託的Ｈ案子，有按照進度進行嗎？」

「是的，請放心。」

經過這樣的對話後，卻在截止日當天告訴對方「來不及完成」……這樣的行為會嚴重影響他人對自己的信任。

✕「請放心，沒問題。」

> **POINT** ●也有人會感到不安，因為不知道要放心什麼。

〇「現在已經完成80％的進度，來得及在兩天後的截止日前完成。」

〇「是的，現在正在等最後一間分店的資料，今天內就會拿到。」

> **POINT** ●出示根據。
> ●告知現況。

　我經常從女性口中聽到下述的情況。下屬在主管交付新工作時老實吐露內心想法：「第一次負責這個工作，我覺得很不安。」結果主管沒頭沒腦地回了一句：「放心，你一定可以的。」讓下屬感到非常困惑。而且如果主管只說「放心」兩個字，會讓下屬有種對方不負責任地把工作一股腦丟在自己身上的感覺。要求下屬面對新的挑戰時，應該要解釋為什麼會拜託他來做這件事，而且要理解下屬的不安，並對此有所表示比較好。

想要增加對方的勇氣時

✗「放心，你來做的話一定不會有問題的。」

○「因為○○在 A 公司的專案上有出色的表現，我覺得可以活用那時的經驗，才會將這次的工作交給你。」

POINT ● 說明理由。

○「有任何困難，隨時都可以來找我商量。」

POINT ● 消除不安。

可能要和不擅長相處的對象
一起回家時的應對法

可能要和不擅長相處的對象一起回家的時，是否覺得走在路上的氣氛會很尷尬呢？

遇到這種情況時，我認為不必勉強自己和對方一起度過那段時間。但也不要一言不發地明顯迴避或是直接表示「我一個人就好」，這些反應都會傷害到對方。

建議以打電話或上洗手間等理由離開現場。

❌「我覺得一個人比較自在，先失陪了。」

POINT ▶ ●太過直接會傷害到對方。

⭕「我要去打通電話，先失陪了。」
⭕「我要去趟洗手間，先失陪了。」
⭕（對方說個不停時）「不好意思打斷您說話，我接下來還得去其他地方，今天就先告辭了。」

交換名片時的
細心發言

　　和第一次見面的人交換名片時，只要可以說出一句細心的話，就能讓談話更熱絡。而且在初次打招呼時就能留下好印象的人，會得到他人很高的評價。

　　因此，我建議在打招呼時，稱呼對方的名字：「○○，這次請多加關照。」呼喚人名可以產生親近感，也會縮短雙方的距離。只要說了這句話，對方對你的印象就會變得更好。

　❌　打招呼時沒有看著對方的眼睛，拿到名片後就馬上收起來。

　△「請多多關照（結束）」……無法熱絡地聊天

　⭕「您的名字很棒呢！」

　⭕「名片設計得真棒！」

　⭕「從名字就可以感受到令尊和令堂的用心。」

　⭕「第一次看到這樣的名字。」

　⭕「照片拍得很好呢！」

　⭕「○○，今後也請多多關照。」

　　接下來，就以「在初次見面就留下好印象」為目標吧！

和主管獨處時，
拋出對方喜歡的話題

　　獨處的對象如果是聊天不太會冷場的人還沒關係，但若是有點難相處的主管的話，你會怎麼應對呢？

　　最安全的應對方式為，聊一些主管喜歡的話題。畢竟大家都喜歡會聽自己講話的人。而且相較於說話，專注於傾聽，不僅有助於緩解自己緊張的情緒，對方也會比較開心。

◯「我記得○○部長喜歡高爾夫，您平常都是在哪裡的高爾夫球場打球呢？」

POINT ●主管會很樂意聊聊自己喜歡的話題。

也可以提出工作上的疑問。

◯「請告訴我上次之所以可以順利簽約的祕訣！」

POINT ●讓對方認為自己熱衷於學習，就能聽到值得學習的內容。

如果知道主管家庭關係和睦，說一些與家人相關的話題也無妨，或許能藉此知道主管不為人知的一面也說不定。也可以試著大膽地談論自己的事，開口之前可能需要一點勇氣，但愈是透露自身的訊息，對方會覺得愈有親近感。只要說得出口，就能讓雙方的關係往前邁出一大步。

突然和主管獨處時

✕ 一直沉默不語……會留下不好的印象。

▲ 只回答「是」、「不是」……無法炒熱氣氛。

〇 「聽說您的興趣是釣魚，那您平常都去哪裡釣魚呢？」……對話不間斷。

〇 「我的故鄉在大阪，聽說您之前是在大阪分店工作，大阪有沒有什麼地方讓您印象深刻呢？」……尋找共通話題，讓氣氛更熱絡。

〇 「您週末都是如何和家人一起度過的呢？」

〇 「其實我很猶豫要不要結婚，〇〇課長決定要結婚的原因是什麼呢？」

〇 「我有個客戶很不好應付，您有建議的處理方式嗎？」

和主管一起搭電梯時

○以爽朗的笑容打招呼：「您辛苦了。」

POINT ●一般不在電梯內講悄悄話，如果有其他人一起搭乘，只要打招呼即可。

○「今天真熱啊（好冷喔）！」

POINT ●無傷大雅的天氣話題還可以很快結束。

○「您有看昨天的棒球比賽嗎？○○隊贏了呢！」
○「您週末有去哪裡走走嗎？」

POINT ●說些與主管興趣有關的話題。

第 5 章

在人群面前
談話

**目標是
貼近聽眾的內心**

別在自己說的話上
貼打折標籤

在人群面前說話時，如果本身沒什麼自信，第一句話很容易會脫口而出：「對你們來說，我說的話可能沒有太大的價值。」但這種話會讓那些利用寶貴的時間來聽你說話的人感到困惑。

像這樣貼上打折標籤的人，其實是懷著「如果我說得不好，也不要責備我」的自我防衛心態，簡單來說，就是在找藉口。當你用降低自身價值的方式來說話，即使你說的內容再好，聽者感受到的感動也會大打折扣，而且對聽者也很失禮。

我在指導想要成為講師的人時，會告訴他們：「不要在自己說的話上貼打折標籤。」

當他人交付發表的任務給你時，請不要找藉口，要勇敢乾脆、拚盡全力去達成。

不要忘記，聽者也正在聚精會神地在聆聽你說話。

✖「或許你們會覺得很無聊。」

✖「說話沒什麼邏輯,真的很抱歉。」

⭕「難得有機會可以上台和大家說話,希望我說的內容
　對大家會有幫助。」

⭕「老實說我現在非常緊張,但我會盡全力傳達。」

◎不要貼打折標籤

✖

一打折

- 「或許你們會覺得很無聊。」
- 「說話沒什麼邏輯,
　真的很抱歉。」
- 「我說的話可能對你們來說
　沒什麼幫助。」

一打折

⭕

- 「難得有機會可以上台和大家說話,
　希望我說的內容對大家會有幫助。」
- 「老實說我現在非常緊張,
　但我會盡全力來傳達。」

不用勉強自己以玩笑開場

有一句話是這樣說的:「歐美人的演講是從玩笑開始,日本人的演講則是從藉口開始。」

藉口當然是不需要,但也沒有必要勉強自己說不怎麼有趣的笑話。

在進行演講培訓時,一定會有部分的人注重的是自己有多有趣。但是演講重要的是內容,而不是好不好笑。有用的內容才能構成演講,玩笑不過只是調味料。

不擅長搞笑的人,一開始只要爽朗地表示「大家午安,今天請多指教」即可。

這樣就能讓他人對自己抱有好感。

◎「大家午安,我是○○○,今天我要說的主題是虛擬貨幣的未來,請大家多多指教。」(乾脆俐落)

◎「因為不太擅長,沒辦法說些有趣的笑話,大家如果願意聽我說,我會很感激。」

利用開場白吸引聽眾

　　開場白要能吸引聽眾，首先就是不要吃螺絲。開場就吃螺絲的話，會影響發表的狀態。因此，建議平常就要習慣以

「早安。」

「午安。」

　　之類的招呼語當作開場。

　　開口打招呼後，聽者就會將注意力轉向自己。

　　在拋出招呼語後，要留一小段足以讓對方回話的空檔。接著再報上名號，以及說明今天的主題。

　　到此為止，都要以不疾不徐的節奏來傳達，這麼一來，也能同時緩和自己的緊張情緒。

○「早安，我是Adot Communication的戶田久實，今日演講的主題是○○。」

・打招呼
・自我介紹

・主題
・說話內容

・打招呼

從容、客氣

167

留下足以讓對方頷首
表示「嗯」的間隔

　　說話的首要鐵則是，可以聽懂內容的說話速度。

　　再者是三言兩語就能說完的簡短話語。

　　最後是要言簡意賅，任何人聽了都能記住。這三者缺一不可。

　　據說人類的大腦聽一次就可以理解的速度是 1 分鐘 300 字左右。NHK 晚間新聞的播報速度剛好符合。

✕「憤怒管理是在美國研發出來的心理治療課程，主要目的是幫助處理憤怒情緒，在需要生氣時發怒，在不用生氣也沒關係的時候冷靜地解決。」

> **POINT** ●如果只有「，」沒有「。」大腦聽過就會忘記。

○「憤怒管理是美國研發出來的心理治療課程，主要目的是幫助處理憤怒情緒。此課程的目的並非是讓人不要生氣，而是能在需要生氣時發怒，不用生氣時能冷靜地解決。」

POINT ●即使解釋的內容相同，只要加入「。」就能讓人輕鬆理解。

　　一個句子大約30個字，最多45個字。打草稿時，請試著計算看看。

　　此外，每說完一句話，要留下足以讓對方從容頷首表示「嗯」的空檔。人類在理解聽到的內容時，需要1拍以上的間隔。在留下間隔的過程中，有助於讓聽者順利理解內容。

✕ 「**雖然主張**（Assertion）**是指相互尊重彼此的意見和立場的自我表現，但因為也要傾聽對方的意見，相互溝通，所以可以說，以解決事情為目的進行對話也很重要，而且……**」

POINT ●不要以「雖然……但是」、「因為……所以」、「而且……」
來串聯句子！

❌「尊重對方的自我表現，然後傾聽對方的意見也很重要，然後談話也必須以解決為目標……」

POINT ● 不要以「然後」來承接句子！

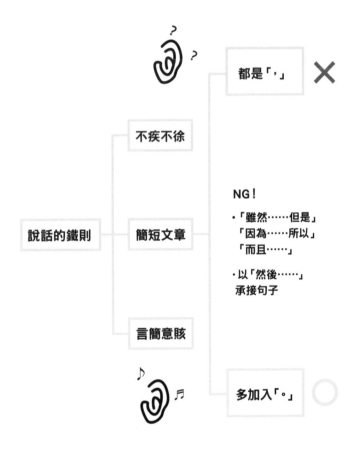

適合商業用語的連接詞

用平常口語的語氣來演講，聽起來會顯得比較沒有格調。在正式場合說話時，只要使用較為文書的連接詞，馬上就能說出符合現場氣氛的語氣。

✕	◯
「〜然後〜然後」	「也就是說」
「雖然……但是」	「總而言之」
「之後」	「接下來」
「之類的」	「那樣的話」
「而且〜」	「因此」
「為什麼〜」	「然而」
「咦〜」	「雖說」
「算啦〜」	「再加上」
	「此外」
	「另一方面」
	「因而」
	「為此」
	「由於」
	「或者」
	「加上」
	「為何」
	「縱使」

開始發表時，
要先介紹整體概要

希望大家在發表時，要在一開始大略講述整體概要。

○「**今天要談論的主題是解決根本問題的客訴處理**（針對題目進行說明）**。首先我要先說明今日講述的流程。第一部分是面對客訴的思考方式；第二部分是針對處理客訴的基本步驟和重點；第三部分是客訴的顧客心理；第四部分是介紹實例，最後是為了不出現相同的客訴，必須要遵循的要點。以上是今日的大致流程，接下進入正題。**」

演講者若在開頭先針對談論的主題，和講述的順序進行說明，聽者可以藉此掌握「目的」和「流程」，並在腦中先整理好次序。同時也有助於聽者理解內容。

若是利用資料和投影片，搭配一張流程圖來解說，還可以在視覺上留下印象，讓聽者更容易理解。

在突然進入正題前，請務必試著先講述整體概要。

整體概要的顯示方式

目講述目的（針對題目）

說明流程

照本宣科無法傳達出熱情

當被要求發表演講或報告時，有些人會把每一字每一句都寫在講稿裡，之後再看著講稿朗讀或背誦內容。但這麼一來，上台的目的會傾向於「不要念錯」，而原本「為了傳達而發表」的初衷則被拋諸於腦後。

結果，不管準備得多完善，都無法將熱情傳遞出去。

為了傳達而發表時，要將講述的重點記下來。

只要先將想說的關鍵字挑出來並寫在筆記上，接著不斷反覆練習，直到可以看到關鍵字就知道自己要說什麼。如果光看筆記就能侃侃而談，不僅代表你有抓住重點的能力，還能練習用自己的話來組織言語。

因此，當有機會在眾人面前談話時，要養成只看筆記就能開口講述的習慣。

筆記範例

> 如果要說現今為什麼如此講求溝通能力，
> 是因為人類的價值觀愈來愈多元化，
> 已經無法再指望單純的觀察溝通。
> 相較觀察溝通，
> 這個社會比較需要磨練
> 可以傳達給對方的說話技巧。

像是講稿……

挑出關鍵字

> 講求溝通能力的理由
>
> 價值觀的多元化
> 無法再指望觀察溝通
> 磨練傳達的說話技巧

單調乏味的內容
只聽1分鐘就會讓人厭倦

有些人說話會一直維持相同的頻率,語調上沒有抑揚頓挫。無論說話的內容本身有多有趣,只要用這樣的方式來表達,都會導致聽者昏昏欲睡,隨時進入夢鄉。

而且單調的語氣還會讓人找不到說話的重點。在人群面前說話時,建議避免使用乏味生硬的語調。

若要改善語氣單調的問題,最簡單的方式是在言語中加入高低起伏。有很多方法可以讓語氣更有起伏,請試著找出比較適合自己的方式。

如果採用不適合自己的方式,說話會顯得很不自然,所以要多方嘗試,從中選擇比較容易說得出口的。也可以組合2～3種方式,讓語調富有節奏感,自然呈現出抑揚頓挫。

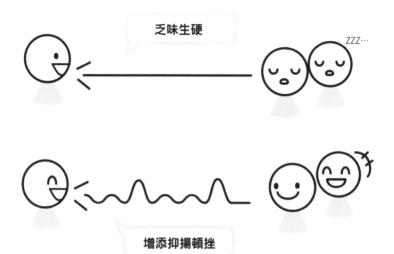

〈增添抑揚頓挫的方法〉

想要強調 的內容	・說話語氣緩慢 ・再三重複 ・提高音量
關鍵 重點	・在重點前加入停頓的間隔 ・以「你們知道○○嗎？」 　引起注意 ・表示「接下來要說的內容很重要」

說話手勢和
聽眾人數呈正比

　　說話時之所以搭配手勢，原本的目的就是要吸引對方的注意力。

　　手勢必須配合聽眾人數，人數愈多手勢愈大，這樣才能順利傳達給聽眾。但有許多人不擅長在說話的同時搭配手勢，如果突然要他們加入手勢，可能會出現像木偶一樣擺出不自然姿勢的情況……。建議看著鏡子練習，或是請他人幫忙錄影，以確認自己的動作。

　　在搭配手勢時必須留意，要五指併攏地指示，以及動作要清晰。使用手指時，要連同指尖都一起伸直。依照人數的多寡，請參考右頁的說明進行調整。

　　配合當下調整手部姿勢，有助於增加視覺效果，更容易吸引聽眾。請務必多加活用。

搭配手勢的方法

100人以上

・全身大幅度擺動

・手臂盡量伸直

50人左右

（約50㎡）

・手臂伸直，讓最後面的人也看得到

・使用手指時，也要在距離自己約50公分的地方擺出姿勢

10人以內

（小型會議室）

・手臂活動範圍只要在眼前即可

・使用手指時，也只要在自己的眼前就好

想要強調的內容
不要用「。」斷句

　　如果所有的內容都用「。」結束,語調聽起來就會缺乏高低起伏。

　　要強調重點時,建議不要用「。」勇於用「、」來斷句。

「。」	「要適當表現出憤怒,有3個重點。第一個是〜。第二個是〜。第三……」
「、」	「適當表現出憤怒的3個重點,①〜、②〜、③〜。以上就是3個重點。詳細來說……」

表達意見時，
要從結論開始闡述

　　他人在會議中或是群眾面前詢問自己的意見時，冗長的
回答會讓聽者備感壓力。原則上應該要從結論開始闡述。

✕「原本考慮了很多，但聽到大家說的話後，有些部分
　　讓人覺得很猶豫。除了那樣，還有這樣，每個提案
　　都很不錯。我認為⋯⋯」

○「先說結論，我贊成 A 案。因為（表達理由）⋯⋯」
○「首先，我想說的是⋯⋯」

傾聽聽眾的反應
會產生一體感

在人群面前發表時，只要傾聽聽眾的反應，就能跟現場產生一體感。這點對新手來說比較困難，因此，以下介紹的是適合老手的技巧。

假設在演講時，聽眾中有人不經意說出「這個好難懂」。

如果當下有其他人對這句話產生共鳴，表示「我也覺得」或點頭時，可以回應：「說明得太複雜嗎？我再說一次好嗎？」若有人點頭，就再回覆：「看到這麼多人點頭，我很高興。」建議把注意力放在正面反應即可，傾聽太多負面反應，氣氛會顯得死氣沉沉。

像這樣傾聽並回應聽眾的反應，即使不是一對一，也會有雙方在溝通的感覺。而且有助於大家更投入話題。

當演講者和聽眾感受到一體感時，當下的氣氛自然就會愈來愈熱絡，最後聽眾也會對聽講的這段期間感到滿足。

因此,當你有能力可以顧及四周時,請務必養成傾聽聽眾聲音的習慣。

❌ 傾聽太多負面反應⋯⋯「他剛剛是不是露出很難看的表情啊?」

❌ 警告聽眾⋯⋯「請不要隨便發言。」

⭕ 產生共鳴⋯⋯「是不是覺得很『困難』呢?」

⭕「覺得『這樣比較好處理』的人請點頭,謝謝。」

⭕ 回覆⋯⋯「我聽到有人問說是不是能馬上做好,大概3天就能完成。」

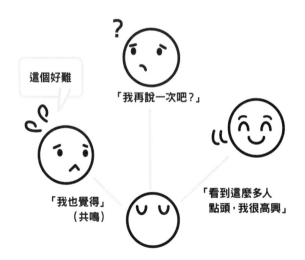

PPT要以1張投影片
傳達1個訊息的方式來總結

在報告的時候，有些人會在1張投影片上列入很多重點，還詳細放上說明文，並大聲念出來。不過我不推薦這種作法。因為如果讓聽眾專注於閱讀投影片，他們不僅不會對內容留有印象，還可能會覺得厭煩。

建議1張投影片只保留1個訊息。

這麼一來，聽眾就能確實記住重點，而且投影片翻頁的動作對聽者來說，比較不會感到厭倦，有助於集中注意力。

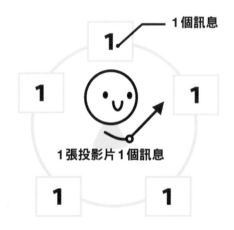

投影片範例

責備的目的是什麼？

不是為了將對方罵到無法再站起來，
而是希望對方能夠成長，
改善自己的認知和行為。
請試著回想過去在傳達時，
是否有確實讓對方了解：
「下次怎麼做比較好。」

責備的重點

- 具體告訴對方是針對「什麼」、
  「為什麼」會責備他，
  以及希望他「如何」改善。
- 一次只傳達一件事。
- 再給對方一次機會。

責備的目的是？

希望對方能夠成長，
改善自己的認知和行為。

試著回想過去在傳達時，
是否有確實讓對方了解：
「下次怎麼做比較好。」

以連環畫劇的方式
來解說PPT

要像在說連環畫劇一樣，發表傳達訊息的PPT。

從放映中的投影片換成下一張投影片的空檔，可以說些串聯前後的內容。這樣一來，話題就能像觀看連環畫劇一樣逐步打開，聽者也會覺得比較好理解。

以PPT來報告時，說話的內容有時會在切換投影片的空檔中斷。話題中斷後，經常會出現不知道要如何連接前後內容，變得難以理解的情況。

「請看投影片，這是自我肯定溝通的定義。
接下來，我們可以在下一頁看到有哪些類型。這些是種類，全部共有3種。」

像這樣為話題架起橋梁,聽眾就能像是在聽故事一樣掌握脈絡,而且精神會自然而然集中在說話內容上。

演講者要做到這點,就必須要確實理解說話的脈絡。

希望有機會使用PPT的人務必要記住這個技巧。這麼一來,就能大幅提升聽者的滿足感和理解程度。

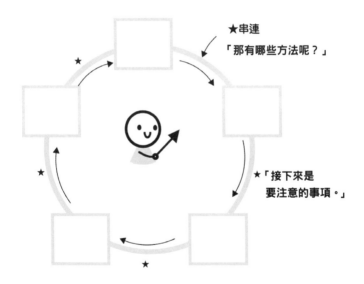

將想要表達的內容，
當作關鍵訊息放在最後收尾

　　在發表或演講等場合，要準備結束話題時，用20字來傳遞想表達的結論，聽眾就會對重要的觀點留下印象。

　　以一句話簡單總結，更容易留存在記憶中，因此，建議在事前先想好結論要說的內容。

❌「時間差不多了，今天就到這裡。」

⭕「總之，我今天一整天想要告訴大家的是，溝通的主導權是掌握在聽者手裡。請大家務必磨練聆聽的能力。謝謝大家聽到這裡。」

⭕「作為最後的總結，我想再次告訴大家：『自己要為自己的情緒負責』。」

⭕「工作可視化和提高生產力息息相關。」

在發表培訓課程中，聽了許多人的發表後，我發現有些人沒有確實做到結尾的問候，或是在表示「謝謝」的同時，像是在逃難一樣地撤退。

演講、發表和培訓等場合，在他人面前說話時，最重要的是要怎麼收尾。因為最後階段的表現情況，會深深地烙印在他人的記憶中。不管內容多優秀，只要最後以慌亂結束，他人就只會記得你手忙腳亂的樣子。

因此，要不疾不徐並有禮貌地進行結尾的問候，如同留下最後回味的餘韻般。

話說完後，再從容地鞠躬。

請分開進行道謝和鞠躬，因為同時進行會顯得很慌亂。只要留意到這點，就能成為一位莊重優雅的演講者。

緊張時，在內心實況轉播
自身的狀態

　　緊張並不是壞事，任何人都會緊張。

　　與其想著不要緊張，不如改變成與緊張和平相處的心態。

　　可以在心中實況轉播正在緊張的自己，例如：

　　「總覺得現在連手心都在流汗。」

　　「心臟跳得比平常還快……」

　　實況轉播可以緩和過於忐忑的情緒。

　　每個人面對緊張的時機不盡相同，不過請在湧出忐忑不安的心情時，接受自身內心的情緒。

　　在感受忐忑的情緒，並進行實況轉播的過程中，內心就會慢慢地冷靜下來。

第 6 章

工作場合外的談話

目標是
建立良好的關係

談話中只在乎自己想講的內容，會讓人感到厭惡

在談話時，經常會看到只想著自己要說的話，完全不聽對方說話的人。一般人在遇到這種人的時候不會明確要求對方注意，但會在背後默默討厭這類型的人。這種行為就像是在無意間撒上大量小地雷一樣，因此，有七成的時間都在說自說自話的人要特別留意。

「那個人都不聽人說話……」

得到這樣的評價的人，會在關鍵時刻失去他人信賴。畢竟大家意外地都很關心對方是不是有好好聽人說話。

❌「話說回來──」
❌「好、好、好、好」
❌「對啊！對啊！但是啊！」

⭕「啊～說得沒錯！」暫且接受。
⭕「嗯嗯！也會這樣呢！」贊同兩次。
⭕「然後呢？接下來怎麼了？」

面對不斷重複相同內容的人，
要直接了當地回應

在說到自己認為非常重要的話題時，有些人會下意識地反覆重複好幾次。要如何應對這些重複相同話題的人呢？

有些人即使聽到相同的話題，也會想說「啊～算了沒關係」裝作是第一次聽到。尤其對象是長輩或主管時，這樣的回應就很適當。

但是，遇到三番兩次重複太多次或很了解對方的脾氣時，也可以直接了當地表示：「之前說過了喔！」

相同的話題

◎「這些話之前就說過了喔！
看來對○○來說是
非常重要的事情呢！」

◎「這些話無論聽了多少次
都覺得很有趣。」

◎「啊！是關於○○的事對吧？」
「這個之前應該說過了喔！」

✕「又要說一樣的事嗎？」
「適可而止吧！聽到有點煩……」

受夠他人反覆找自己商量
「我想離婚」、「我想辭職」時

當他人反覆找自己商量相同的事情時,如果冷淡地回覆對方「我很困擾」,可能會讓彼此的關係產生裂痕。這種時候,即使要傳達「你自己決定比較好」,也不要用強硬無情的說話方式,而是要以緩和的語氣來表示。

× 「自己的事情
自己決定就好了啊!
就算找我商量也解決不了吧!」

○ 「自己決定比較好喔!
(緩和地表示)」

○ 「感覺你真的很辛苦呢!但我不是這方面的專家,沒辦法給你建議。」

POINT ● 即使這麼說了,對方還是執意要講時,可以再次打斷對方的話:「我覺得還是找更了解的人商量比較好。」

錯過時機也沒關係，
感到「抱歉」時就馬上道歉

　　一般人在錯過道歉的時機後，經常會覺得「現在才道歉會很尷尬」，但如果就這樣丟著不管，關係會變得更尷尬。如果只是在心裡想，是沒辦法將抱歉的心情傳達出去的，請一定要開口說出來。

　　關鍵是不要找藉口，坦率地說出口。不要忘記，道歉的姿態比想像中還要受到他人關注。

✕「○○看起來好像不太開心，所以我沒能說出口……」

POINT ●不要把錯推給對方。

○「當時應該要道歉的，都是因為我太過固執了，真的很抱歉。」

○「我想要和○○好好相處。我只是想讓你知道，當時的事我真的覺得很抱歉。」

錯在自己，不是對方時

❌什麼都沒說就這樣結束。

❌「之前那件事，不是○○的錯──」

POINT ●只要不道歉，對方心裡就會留下疙瘩。

⭕「真的很對不起，錯的人是我！沒有好好確認就那麼
　說，非常不好意思，我真的覺得很抱歉。」

POINT ●既要對遭到誤會的人表示歉意，也要為做錯的事道歉。

對象為孩子

⭕「對不起，本來以為是你弄丟的，結果好像是媽媽收
　拾的時候放錯地方。」

POINT ●作為孩子的榜樣，讓孩子看到父母道歉的身影。

面對情緒低落的人，與其鼓勵他們，不如表示「隨時都可以跟我說」

在對方情緒低落時，千萬不要隨便開口鼓勵他。造成低落的原因百百種，在不清楚詳細情況時，建議不要太過深入，只要擺出「有什麼事我隨時都在」的態度即可。

❌「總覺得你沒什麼精神，一起加油吧！」

❌「打起精神！」

⭕「發生了什麼事嗎？感覺你和平常不太一樣，我有點擔心。如果說出來比較輕鬆，隨時都可以跟我說喔！」

哀悼的心情要經過
深思熟慮後簡短表示

「他人處於敏感容易受傷的狀態時，我不知道要怎麼開口跟對方說話。」經常有人像這樣問我該如何表達哀悼。

最好的方式是，沉穩、簡短地表示「請節哀」。根據親近程度，對死亡的想法會因人而異。因此，建議只傳達哀悼的心情，不要說多餘的話。

✗ 完全不提到這個話題。

✗ 遇到熟識的人時，像參加同學會一樣玩鬧。

POINT　　● 在喪葬場所不要交談是基本禮貌。

關係親密的情況

〇「事發突然，我不知道要說什麼比較好……如果有我做得到事，隨時都可以跟我說。」

關係普通的情況

○「這樣啊……不知道要說什麼比較好……」

○「請節哀……」

○「今後會覺得很寂寞吧……」

參加基督教喪葬儀式時

○「謝謝您通知我。願逝者安詳長眠。」

POINT ●不要說「請節哀」。

分別時的印象會留在記憶裡

反覆轉身揮手、鞠躬⋯⋯在告別時表現出如上述般率真爽朗模樣的人，你是否會覺得「他真是個很好的人」呢？其實分別時的樣子可媲美第一印象，都會影響他人對自己的想法。

據說某企業還曾因為對方在告辭時沒有轉身鞠躬，就決定終止和對方簽訂的合約。因此，請務必在離開時，注意做到再次回頭鞠躬、揮手，以及直到離開後也要面帶笑容等動作。

❌ 開朗地說「掰掰」後馬上板著臉離去。

POINT ●會讓人覺得剛剛的笑容都是裝出來的。

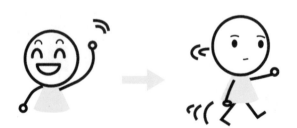

❌ 告辭時快步離去。

POINT ● 會留下為人冷淡的印象。

⭕ 在走到距離 5 公尺的地方，轉身鞠躬。
⭕ 面帶笑容地揮手離去。
⭕ 告辭後，要表示「路上小心！」
⭕ 目送到看不到對方為止。

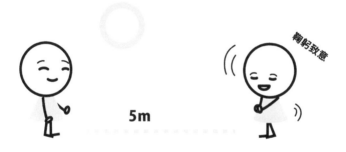

告別的當下想要和對方說句話時

⭕「下次見！」
⭕「今天很愉快，謝謝！」
⭕「回家小心唷！」

事先預告「可以讓我抱怨一下嗎？」會讓他人更容易接受

　　任何人都會有想要抱怨的時候。希望他人可以聽自己抱怨時，先在開場白告知，對方會更容易接受。建議說話時也要關切對方的情況，畢竟傾聽負面言論的那方也會耗費精力，而且對方可能很忙，沒辦法當場慢慢聽你說。

　　這麼一來，對方也會告知自己的狀況，像是：「我今晚有事，得去很多地方，明天晚上再說吧！」如果想要和他人建立良好的關係，不要光是說：「我很難過快聽我說！」還得考慮到對方是否方便。

說完負面想法後更要明確表示「有和○○說真是太好了！」

在對方聽完自己說的話後，一定要表達謝意。什麼話都沒有表示，會顯得很沒禮貌。

總是忘記答謝的人，往往無法與他人建立長期、深厚的關係。如果想要長期維持良好的關係，這點考量是必要的。因此，希望大家平時多留意自己是否曾在不知不覺間做出失禮的的事情。另外，在商量嚴肅的話題時，商量的對象也會在意後續的發展，所以要記得向對方報告情況。

對方聽完自己說的話後──

「謝謝你總是願意聽我說。」

「非常感謝○○。」

「下次請讓我向您答謝。」

「只要是我能幫上忙的事，隨時都可以跟我說。」

經過他人的介紹後，
要表達謝意和報告後續情況

　　人的情商會在自己介紹他人給對方，和對方介紹他人給自己時顯露出來。

　　介紹這件事是指與自己重要的人產生聯繫。身為介紹者，通常都會在意之後的發展，因此，請務必要向介紹者報告後續的情況。

　　報告時懷有感謝之意，介紹者也會感到放心，並認為以後還可以再繼續幫助這個人。如果要與人建立良好的關係，請將上述的內容作為成年人的守則謹記在心。

○「前幾天您介紹給我的○○，目前我們正在交涉。」

　　（我們今後要一起共事。）

　　（談話的狀況正朝著不錯的方向前進。）

　　（我們一週後會再見面。）

○「謝謝您的介紹。」

POINT ●也可以表示：「因為是您介紹給我的，我覺得要和您報告後續的情況。」

正因為地位高，
才要注意話不要太多！

在上下級的關係中，除非有什麼特別的理由，要不然下位者通常說話會比較有顧慮。因此，處於地位較高的位置時，必須要反省自己是否話說得太多。如果沒有克制自己，最後很可能會像國王的新衣一樣，沒完沒了地說個不停。因此，地位愈高的人，愈是要記得顧慮身邊的人。

○「○○覺得如何？」
○「我話好像說太多了。○○覺得呢？」
○「今天想多聽聽其他人的想法。」
○「平常都是我在說，你也說說自己的想法。」

國王的新衣……

面對「過度的關心」
要邊暗示邊迴避

　　父母、朋友、媽友、主管或同事等⋯⋯無論在什麼場合，多少都會有人說些讓人覺得是「過度關心」的話。面對這種情況時，與其正經地說「煩死了」，不如技巧性的迴避會來得輕鬆許多。

　　如果可以在暗示「不要再深入話題」的同時巧妙迴避，就能傑出地應對。

當雙親或身邊的人，
對自己交往的對象或未來規劃指手畫腳時

○「這是我決定的事情，希望你們不要多說什麼。我知道你們的擔憂，但就不能相信我嗎？」

想要向持反對意見的父母傳達自己的想法時

〇「我想你們應該有自己反對的理由，但這是我自己決定的事情，我希望你們可以先接受我的想法。一昧地反對讓我覺得很難過。」

他人問說「怎麼還不結婚？」、「什麼時候要生小孩？」時

〇「時機就交給上天決定了。」

POINT ●也可以風趣地迴避。

媽友問了自己不想回答的問題時

媽友：「妳先生是做什麼的？」

✕「這和妳沒關係吧！」

POINT ●不要不高興地回答。

〇「我先生非常忙，連週末都不常在家啊～希望他可以多休假。」

媽友：「妳以前讀哪間學校啊？」

⭕「以前還是學生的時候，因為忙於打工，覺得自己都沒有專注於學業。而且啊～（轉換話題）」

POINT ●面對難以回答的問題，可以用離題的方式來應付。

媽友追根究柢時

⭕「希望妳不要問我那種事情。」

遇到金錢話題時，
點出重點不要逃避

　　金錢話題非常敏感，對一般人來說很難以啟齒，所以有許多人會來問我該如何開口比較好。最糟糕的做法是，因為不好開口，就算覺得厭煩，仍舊決定放著不處理。如果忍耐不說，情緒可能會在某個時刻突然爆發，導致情況難以控制，無法收拾局面。若是說話方式不對，還可能會和對方斷絕關係。

　　我認為金錢話題是磨合雙方價值觀的寶貴機會，建議把握機會，鼓起勇氣向對方開口。只要從「為了讓未來更好」的角度來發言，事情就會朝著圓滿的方向解決。

老實告訴伴侶自己有欠債時

啊！我之前忘記跟你說，我在外面有欠債喔～

○「我應該要早點講的，但很難開口……其實我有○元的債款。打算今後每次還○元慢慢還清。」

○「只要想到……你不知道會不會生氣，就一直開不了口。真的很對不起。」

因為害怕你會擔心，
所以拖到現在才講，對不起。

POINT
● 先老實道歉。
● 要盡量連還債計畫都告知，讓對方放心。

岳父岳母揮霍無度，希望他們不要再來借錢時

○「我們家現在也要規劃收支，才有辦法維持生計，所以沒辦法在金錢上幫助你們，希望你們可以諒解。」

POINT ● 告知自家的情況後，再表示無力幫忙，會比較好拒絕對方的
請求。

想知道結婚對象的存款金額時

因為你一副存不了錢、
遊手好閒的樣子，
我才問你的！

✕「因為你賺的錢不多，才問你的啊！」

POINT ● 指出收入不多這點絕對是不行的。

○「因為未來將要共同承擔彼此的生活，我想先了解一
些事情。那我就不拐彎抹角直接問了，可以跟我說
你的存款有多少嗎？當然，我也會告訴你我的存款
金額。」

我想要決定一下
我們兩個今後的儲蓄金額，
所以想問問你現在有多少存款。

想要提議由自己管理家中收支時

⭕「你也知道我很擅長管理金錢，為了今後能夠成功存到錢，可以把家裡的收支交給我管理嗎？」

POINT ● 執行嚴密的零用錢制度，可能會傷害到男性的自尊，所以提出時的態度不要過於嚴厲。

有人想向自己借錢時

⭕「抱歉，我家的家訓中有一條是不可以借錢給朋友。」

借出去的錢遲遲沒有歸還時

⭕「話說回來，3個月前我借你的○○元，差不多該還了吧～」

工作 & 個人篇
馬上就能應用
的實用句

職場、工作篇

得在聚會氣氛熱絡時提早離席

O「抱歉，在氣氛正好的時候這麼掃興（真的很抱歉）。我明天還得早起，先告辭了。謝謝邀請！」

POINT ●說「之後就沒有回家的電車了」、「家人的身體不太舒服，我得早點回家⋯⋯」也OK。

想邀請剛進公司的新人喝一杯時

O「○○工作還習慣嗎？方便的話，要不要跟我去喝一杯？這週或下週哪天有空呢？公司附近有間我很推薦的店。」

POINT
● 光明正大的邀請。
● 比起當天突然邀請，詢問對方有空的時間會比較好。

對方忙碌時有事想說

O 「關於□□我有事想說，現在方便嗎？」（對象是同事、
後輩時）

O 「關於□□我有事要報告，現在可以耽誤您5分鐘
嗎？」（對象是主管時）

POINT
● 在一句話內告訴對方要說什麼事、需要多少時間。

有工作想拜託非常忙碌的同事時

O 「在你那麼忙的時候還打擾你，真的很抱歉。因為我
的工作最晚要在5號提交，可以麻煩你先幫我處理
嗎？」

對前輩或主管的教導方式有疑問，想在不傷感情的情況下表達自己的意見時

O 關於教導方式「我也有累積一些相關經驗，可以聽聽我的意見嗎？」

O 關於內容「我認為用○○的方法會更流暢，你覺得呢？」

希望對方改善不準時回覆的問題

O「之前也拜託過了，希望可以在○日前回覆。因為收到□□的回覆後，我們也必須做出應對，再麻煩您了。」

覺得自己的工作沒有得到相應的回饋時（對象為主管）

O「關於考核的事情我有話想說。這半年，我也有做到～成果。然而，恕我冒昧，我覺得這件事您並沒

有列入考核。我之所以決定鼓起勇氣和您商量這件事，就是希望今後工作可以符合您的要求。如果我有什麼地方不符合您的期待，請您直接告訴我。」

向他人報告犯下的失誤時

○「我有件事想和您報告。真的非常抱歉，在○○這件事上我犯下了錯誤，事情的詳細經過是……」

POINT ● 先告知犯下的失誤再道歉。
● 接著針對細節進行報告。要先把為何犯錯、現在是什麼狀況、今後該如何處理等內容整理好後再傳達給對方。

想要對犯下錯誤卻不道歉的下屬提出意見時

○「○○，任何人都會犯錯，只要之後注意一點就沒關係。但犯錯的時候，向對方道歉是很重要的喔！」

同樣的錯誤犯了 3 次以上，要向對方表示歉意時

O「再三反覆地犯錯，我真的很抱歉。為了不再犯下相同的錯誤，我已經深刻地進行反省。之後我會上緊發條，避免再次出錯。」

面對再三勸告還是犯相同錯誤的下屬或後輩，想要請他們多注意時

X「為什麼一直反覆犯同樣的錯誤？腦子有問題？」

POINT ●不可以做人身攻擊。

O「要怎麼樣你才能不再犯下這個錯誤呢？或許你會覺得這只是瑣碎的小錯誤，但如果再三重複出錯，是會影響公司信譽，造成他人困擾的。」

POINT ●傳達反覆犯錯為何會讓人困擾，並試著傾聽對方的理由。

被喝得爛醉的主管糾纏時

O「啊！我去一下廁所。」（從位子上站起來）

POINT ●對方喝得爛醉時，可能會出現完全無法溝通的情況。因此，
站起來直接中斷對話，最為上策。

對於對方喝醉酒纏著人不放，
隔天卻忘得一乾二淨的行為感到火大時

O「○○，我覺得姑且還是得跟你講一下，你昨天真得
喝得很醉，還說出『我是大王！快服從本大爺！』
這種話。」
O「你還說了如果不是在酒會，真的會很生氣之類的話
喔～」

同事搶走自己的功勞時

⭕ 對著本人說時:「請在報告的時候也一併說明這是我負責的,並不是○○。」

⭕ 對著主管說時:「希望您可以清楚了解,這部分其實是我負責的。所以我才特地來向您說明。」

想要嚴厲教訓反覆犯錯的下屬時

⭕「你這次又沒有遵守提交期限,如果下次還這樣,真的會讓人非常困擾。希望你可以了解這不僅僅只是你個人的問題,還會影響下一個接任者的進度,造成其他人的麻煩。」

希望提早交期時

⭕「非常抱歉,關於~的交期,是否可以提早○天呢?因為⋯⋯」

POINT ●不要拐彎抹角。

●告知希望的交期和為什麼提早的原因，最好是對方可以接受
的理由。

請求更換負責人時

○「不好意思，我有一個不情之請。請問是否可以更換
負責人呢？現在的負責人是□□。其實……（告知理
由）」

在開重要會議時對方遲到

○「□□，我之前已經強調過，這次的會議很重要（非常
重要的會議）。而且為了讓你可以準時抵達，都已經延
後商談時間了。」

面對容易受打擊的人，
要指出他工作上的問題或向他提出要求時

✕「這會影響我們這邊的工作，造成我們的困擾。」

〇「留下紀錄雙方都會比較放心，交談時可以用電子郵件代替電話嗎？」

POINT ● 確實傳達理由。
　　　　 ● 冷靜敘述。
　　　　 ● 要愉快地結束。

客戶窗口做事有很多漏洞，
可能會影響工作時

〇「○○，在和您合作的過程中，想再次拜託您一件事。近期，由於聯繫上的疏漏和沒有趕上期限等原因，出現了一連串的問題。希望您可以理解，如果今後再發生相同的事，可能就會影響到工作。之後能否不要讓這些問題再度發生呢？」

突然交付的工作臨時又要變更

◯「您可能有難以說明的理由，但像這次這樣臨時說要變更，會讓人覺得很困擾。希望您可以理解，這個委託本來就已經很緊急了，如果又要進行更改，那當然也會影響到其他流程。」

POINT ● 針對臨時變更，傳達希望對方理解的事項。
● 傳達時，要避免讓對方以為是在發牢騷或抱怨。

提案時遇到無法立即回答的問題時

◯「真的很抱歉，關於□□的提問我並不清楚（我沒辦法馬上回答），可否等我詢問清楚，日後再回答您呢？」

想對發表許多負面言論，
擾亂現場氣氛的人講幾句話時

◯「我想您應該有很多話想要說，但我希望在大家一起度過的這段時間裡，可以講一些愉快的話題。」

聽到後輩說「公司的人際關係好難處理」時

〇「是真的很難。不過你發生了什麼事？要不要跟我聊聊？」

POINT ●先傾聽對方的想法。

會議上議論紛紛各說各話，
想要從頭開始討論時

〇「各位，目前的話題已經偏離原本的主題，從這裡開始重新討論可以嗎？」

被強迫接受單方面的意見時

〇「我知道□□的意思了。不好意思，能否也聽聽我的意見呢？希望可以互相討論。」

遭到不講理的主管嚴厲訓斥，
嚇到全身僵硬時

○「非常抱歉。」

○「我現在沒辦法馬上處理好並向您說明，能否給我一
點時間呢？」

自己的目的沒有順利傳達出去，
導致對方誤解時

○「您的理解和我傳達的意思不同，是否可以再和我討
論一次呢？」

他人指出自己不知道的事情時

✕「我之前都沒聽說過。」

✕「咦？！是那樣嗎？你應該早點跟我說的！」

○「這樣啊，我之前都不知道。感謝你指出我的不足，
真的幫了大忙。」

個人篇

另一半忘記紀念日和生日時

○「你忘了嗎？○號是我的生日（結婚紀念日）喔～」

POINT ●試著不要拐彎抹角，直接告訴對方。

希望和先生（太太）討論如何度過假日時

○「可以好好討論一下假日要怎麼過嗎？因為如果按照各自的意思安排的話，真的要一起出門或是有什麼事要拜託對方時，時間可能會喬不攏。」

POINT ●很多夫婦會因為預定行程談不攏,導致關係不和睦,所以盡
早談妥會比較好。

偶爾想要向先生(太太)表示感謝之意時

○ 吃飯時可表示:「今天的飯菜也很好吃,謝謝你一直
以來的付出。」

○ 對回到家的伴侶說:「謝謝你總是很努力地工作。」

想要好好地向雙親傳達至今都沒有說出口的感謝時

○「總覺得很害羞,不知道要說些什麼,也不知道什麼
時候說比較好,所以一直沒有開口。至今真的很謝
謝你們,想要好好地向你們傳達我的充滿感謝的心
情。」

想要傳達出超越謝謝的感謝之情時

227

○「非常感激！」

○「無法用言語來表示我有多感謝。」

○「能和○○相遇，我感到無比自豪。」

見到尊敬的人，想在緊張中表示謝意時

○「可以見到○○我非常開心。我從以前就一直想要當
　面跟您道謝，〜那件事真的很謝謝您的幫忙。」

○「從以前就一直想要見您一面。可以得償所願，我真
　的好開心！」

孩子對自己說謊時

○「聽到你對我說謊，我覺得很難過。希望你可以說
　實話，因為知道被欺騙時的震驚，是會傷害到對方
　的。」

○「不可以因為要保護自己，就說謊或欺騙別人。」

○「希望你可以告訴我為什麼說謊。」

POINT ● 說話時要從容冷靜，以免聽起來像是在責備對方。
　　　　● 要用孩子可以理解的方式告訴他們，說謊後會是什麼樣的心
　　　　　情。

得知另一半或親近的人對自己說謊時

○「正因為我相信你，所以在知道你說謊時，我真的覺
　　得很震驚。希望你可以告訴我為什麼要說謊。」

POINT ● 不要嚴厲指責對方，只要把得知對方說謊時的心情說出來即
　　　　　可。有必要的話，可以聽聽對方為什麼會這麼做。

總是被認為是可靠穩重的人，
但其實內心已經快要承受不了時

○「聽到大家說我很可靠、很值得信賴，我覺得很感
　　謝。但我其實是個很常犯錯，很冒失的人。老實
　　說，為了回應大家的期待，逼迫自己展現出穩重的
　　一面，我真的覺得痛苦。」

⭕「儘管我看起來是這樣，但我其實也想要依賴別人，
　 想要撒嬌耍賴啊～」

對方說出口的話讓人感到受傷時

⭕「剛剛那些話讓我感到很震驚。」
⭕「那是我一直很在意的事情，所以我覺得有點受傷。」
⭕「被你說成這樣，我覺得很難過。」

POINT ●最好將自己的心情變化和感受用言語傳達給對方。

聽到讓人火大的話，過了好幾天都無法氣消時

❌「因為我實在太生氣了，想了很久還是決定說出來。
　 你還記得你在～的時候說的話嗎？」
⭕「之前一度要自己不要在意，把這件事忘了，但我難
　 過到完全忘不掉，所以決定說出來。你在□□時候
　 說的話，真的很傷人，希望你不要再說那種話了。」

POINT ●傳達時不要感情用事。

希望丈夫向公婆表達意見時

❌「那是你的父母，當然由你來說清楚啊！真的很煩耶！你如果平常有好好告訴他們，現在就不會這麼麻煩了！」

POINT ●不要說著說著就開始抱怨、責備丈夫。

⭕「由我來說的話，可能會影響彼此的關係（他們可能會不開心），所以這件事可以拜託身為兒子的你來幫我說嗎？」

怕被討厭所以一直忍著不說，但真的很想清楚告訴對方時

⭕「沒有勇氣真的說不出口，但因為很重要，所以我決定要告訴你。」

●專注於重點，使對方容易接受。
●不要責備對方。

當天要臨時取消約會時

〇「真的很抱歉，拖現在才跟你說，我今天臨時沒辦法
　去赴約。因為～，導致我沒辦法前往。如果當天取
　消要付手續費，請再跟我說。」

●告知為什麼當天非得取消不可的原因。
●如果道歉的對象是朋友，也可以直接說「對不起」。

借出去的書對方一直沒歸還時（可能是忘了）

〇「話說回來，之前借你的～書，你看完了嗎？因為有
　別人也想借這本書，想說來問一下你看到哪了。」

對造成他人困擾卻不道歉的人感到憤怒時

○「因為你造成他人的困擾，如果不先道歉，別人是不
　聽你說話的。」

POINT ▶　●覺得已經受夠了，不想管的時候，也可以選擇放棄想要對方
　　　　　道歉的想法。

想要拜託回信總是很慢的人早點回覆時

○「可以在 5 號的 11 點前回覆嗎？」

POINT ▶　●最好在郵件的主旨標明期限。

在不得不說些什麼的情況下，
不自覺感到緊張時

○「我現在非常緊張……」

〇「其實我現在緊張到心臟在狂跳。」

POINT ●老實把心情說出來，會比較討人喜歡。

聊天對象的牙齒卡菜渣或露出鼻屎時

〇「你的牙齒（鼻子）好像沾到什麼東西，要不要照鏡子看一下。」

POINT ●對方沒有鏡子的話，可以借他小鏡子，或是催促他去洗手間。
●在露出鼻屎的情況下，如果對方是親近的朋友，可以拿紙巾幫忙擦掉。

無法忍受另一半的體味時

✕「什麼味道！好臭！」

POINT ●這麼說會讓對方感到受傷。

要裝作若無其事。

234

〇「這件事應該只有我會老實跟你說，你身上的香水味
（老人臭、昨晚吃的蒜味）好像有點重喔。」

POINT ●對他人難以啟齒的事，要抱著讓對方注意到，或是不想讓人
感到不適的心情來傳達。

另一半送的禮物很沒品味時

✕「這什麼啊？我才不需要這種東西。」
〇「謝謝。下次希望可以讓我和你一起去買（我想自己挑
選）。」

公婆送了自己不想要的東西時

〇「媽（爸），謝謝您送的禮物。但老公跟我說，因為優
香（孫子的名字）的洋裝已經很多了，今後如果還要
送她禮物，希望可以送□□。」

另一半說自己父母的壞話時

〇「請你不要再這樣說我的父母。或許我的父母真的有哪裡做錯，但聽到你這樣講他們，我覺得很難過。」

`POINT` ●必須要注意！如果演變成怒罵對方的父母，可能會引發劇烈的爭執。

想要和家人商量轉職、自立等未來規劃時

〇「我可以跟你們商量我未來的規劃嗎？對我來說很重要，是關於轉職（自立、未來出路）的事情。我想要轉職（自立）去○○。因為我從以前就一直想要在可以更了解工地現場的地方工作。以未來來考量的話，我覺得找一份可以做一輩子的工作比較好。而且如果現在不下定決心，我以後一定會後悔。你們聽了可能會嚇一跳，但這是我考慮了很久才做出的決定，希望你們可以支持我。」

胸部小、身材臃腫等自己很在意的外貌
被指手畫腳,覺得很不舒服時

O「這些都是我很在意的地方,你這麼說我很受傷。」

✗ 生氣的應對:「為什麼要說讓人難過的話!真是不體
貼!」

POINT ●傳達時不要感情用事。

想要拒絕媽友的邀約時

O「不好意思,那天要和我先生回老家,只能下次再參
加了。謝謝妳的邀請。」

POINT ●建議說一些讓對方覺得「好吧!那也沒辦法」的理由。

O 有件公婆拜託我的急事要處理。

O 有事得回老家一趟。

O 久違地和學生時代的朋友見面。 等等

婉拒告白時

〇「抱歉，我有喜歡的人了。」

〇「原來你是這麼想的，嚇我一跳！謝謝，但我現在沒
　辦法考慮這件事⋯⋯抱歉。」

「那、那你什麼時候可以考慮？」對方堅持要問出答案時

〇「希望當朋友就好。」

後記

　感謝大家閱讀到最後。

　溝通要有對象才能成立。對方會怎麼理解、如何反應，往往因人而異。

　有時還可能會得到出乎意料的反應，因此，我偶爾會聽到有人説，害怕聽到對方的反應，或是擔心無法順利將想法傳達給對方。

　但是，如果不溝通就沒辦法得到正確解答。就像開車一樣，就算一開始開得不好，只要累積實戰經驗，就能抓到訣竅。其中也會有結果不如預期的經驗，不過訣竅就是要靠累積這些經驗來掌握。

　若是這本書可以讓你鼓起勇氣往前邁向一步，我會非常榮幸。

　在此，我謹向在撰寫這本書時多方照顧我的KANKI出版常務董事山下津雅子，以及作為出版夥伴支持並陪伴我的星野友繪，表示最衷心的感謝。

　託這兩位的福，這些內容才有辦法成書。

　還有一直替我加油打氣的丈夫和兒子，這次也謝謝你們了。

2019年2月　戶田久實

【作者簡介】

戶田久實

Adot communication股份有限公司總經理。

一般社團法人日本憤怒管理協會理事

●──畢業於立教大學，曾任職於大企業，後成為培訓講師。主要針對銀行、製藥公司、綜合商社及電信業者等大型民營企業及政府機關，舉辦「溝通技巧」相關的培訓與講座。學員遍布各種職場階級，例如職場新人、管理職、領導者、女性領導者、公司負責人等。

●──擁有27年講師經歷。以「憤怒管理」、「自信溝通」、「阿德勒心理學」為基礎所研究出的特殊「搭話」溝通技巧，受到諸多好評，至今累積培訓人數達22萬人。近年來還進一步擴大活動範圍，例如出席大型報社主辦的論壇、上電視受訪等。

●──著有《生氣時，還可以從容表達的人才厲害》（方智）、《阿德勒教你正向能量說話術》（大樂文化）、《働く女性の品格》（每日新聞出版）等書，本書為第10本著作。

扭轉結果的溝通技巧大百科

出　　　　版／楓葉社文化事業有限公司

地　　　　址／新北市板橋區信義路163巷3號10樓

郵 政 劃 撥／19907596　楓書坊文化出版社

網　　　　址／www.maplebook.com.tw

電　　　　話／02-2957-6096

傳　　　　真／02-2957-6435

作　　　　者／戶田久實

翻　　　　譯／劉姍姍

責 任 編 輯／王綺

內 文 排 版／洪浩剛

校　　　　對／邱怡嘉

港 澳 經 銷／泛華發行代理有限公司

定　　　　價／350元

初 版 日 期／2021年4月

國家圖書館出版品預行編目資料

扭轉結果的溝通技巧大百科 / 戶田久實作
; 劉姍姍翻譯. -- 初版. -- 新北市：楓葉社
文化事業有限公司, 2021.04　面；　公分

ISBN 978-986-370-268-9（平裝）

1. 溝通技巧　2. 說話藝術 3. 人際關係

192.32　　　　　　　　　　110001370